職業、春木開

Shokugyo Haruki Kai

春木 開

SOGO HOREI PUBLISHING CO., LTD

Hawaii

P دبي DUBAI 5934

SUPREME

Palm
ngels

まえがき

「春木さんの職業は何ですか？」と聞かれることがある。

飲食店経営？　美容クリニック？　インフルエンサー？

自分でもよくわからなくなる。

そこでSNSでみんなに聞いてみた。

「ポジティブクリエイター」「キャバ王」。いろいろな返事が来たけれど、圧倒的に多かったのが、「職業、春木開」。僕もこれがいちばんしっくりくる。


僕は人生そのもの、生き方を売っている。「この人の生き方っていいな」「こんな生き方をしたいな」と思ってもらうことで稼いでいる。昭和はモノを売る時代、平成は情報を売る時代、令和は生き方を売る時代だ。

じゃあ、僕がどんな人生を生きているヤツなのか。みんな十分に知ってくれていると思うけれど、もしかしたらこの本で初めて僕のことを知る人もいるかもしれないから、書いておく。

インスタグラムフォロワー数12万9000人、ツイッターフォロワー数6万1000人、YouTube 登録者数1万4000人（いずれも2020年5月1日現在）。日本一の男性インフルエンサーと呼ばれ、飲食店・美容クリニック・イベント業などさまざまな事業展開をしている実業家でもある。インフルエンサーを生み出すオンラインサロン「KAISALON」も運営。会員数は500人を超えた。

出身は岡山県。昭和63年生まれの31歳。運なんて基本信じていないけれど、一つだけ信じている運がある。それは「同期に誰がいるか」。ライバルがいればいるほど頑張れるのが人間の心理だと思う。この点で僕は恵まれていると言える。

同期のライバルには、メジャーリーガー田中将大《まさひろ》君、オリンピックメダリストで国民的アイドル福原愛ちゃん、世界的アーティスト G-DRAGON。

そしてポジティブクリエイター春木開。

いつか、「昭和が最後に生んだ四皇《よんこう》」としてここに名前を並べるのは自分だと信じている。

SNSでは、基本的に表面の結果しか切り取られない。僕のきらびやかな世界観だけを見た人には「ボンボンだろ!?」とよく言われる。

しかし現実はアパートの1階育ち。父の月給手取り14万円、母が専業主婦の家庭だった。家の床が抜けるほどの貧乏じゃないけれど、弟を含めた家族4人の暮らしは裕福ではなかった。食費は1日1000円。母はいつも「お金がない」と言っていたし、僕は自分のことで親にお金を払わせるのを申し訳ないと思い続けていた。

お金を理由に、あきらめなければいけないことも多かった。大人になったらお金持ちになりたい。そのためには経営者になればいいと決心して、猛勉強。神戸大学の経営学部に進学した。

在学中にキャバクラのお兄さんに誘われて、夜の仕事をするようになる。最初はまったくうまくいかなかったけれど、だんだんと結果を出せるようになった。そこで稼いだお金を元手に、大学在学中に起業。以来、たくさんの事業展開をしている。

自分のブランディングのために、日本全国のキャバクラを巡り、有名キャバ嬢と写真を撮ってインスタに上げるようになった。「キャバ王」というのは、そこで付けられた名前だ。おかげで認知度は上がり、メディアにも取り上げられるようになった。

僕のビジネスは、これまでの日本の枠には収まらないと考えている。これからも新しい挑戦を続けて、新しい日本のビジネスの形を作り上げていきたい。

　僕はツイッターやインスタで、いつもみんなが前向きになれるようなメッセージを発信している。ポジティブは連鎖すると思うからだ。

　そんな僕の言葉を、名言と言ってくれる人たちがいる。

「どうしたらそんなにポジティブでいられるんですか？」

「なんでそんな名言を思い付くんですか？」

　そんな声を多くもらうようになった頃、僕の言葉を一冊の本にまとめないかと、出版社から声が掛かった。僕の人生や仕事に対する考え方を語ることで、多くの人に前向きになってもらいたい。僕のように恵まれない環境にいても、一歩を踏み出すことで人生が大きく変わると知ってもらいたい。僕は出版の誘いを受けることにした。

　いま苦しんでいる人、人生で悩んでいる人、前に進む勇気を持てない人にこの本を贈る。もちろん元気な人、幸せな人にも読んでもらいたい。

　そうしてみんなの人生を少しでも明るくできたら、と祈っている。

すぐやるか

やるか!

CONTENTS

#1 春木開の「人生」

#2

春木開の「仕事」

#3 春木開の「仲間」

#4 春木開の「恋愛」

#5 春木開の「幸せ」

COMMENT

書（題字、P14・15）　憲真
プロデュース　岡部昌洋（エム・オー・オフィス）
ブックデザイン　別府拓（Q.design）
DTP　横内俊彦
校正　矢島規男

好きな食べ物は？

エビマヨ、ツナマヨ、サーモンマヨ、チキン南蛮。マヨラーです。

好きなブランドは？

春木開。

好きなテレビ番組は？

『白夜行』（僕に真実の愛を教えてくれた）。

好きな映画は？

『ワイルドスピード』。

理想的な有名人は？

エミネム。

好きな女性芸能人は？

沢尻エリカ。

髪型で意識していることは？

誰もしないような髪型（31歳でピンクはなかなかいないだろ）。外出するときは毎日美容院に行く。

ファッションで意識していることは？

ハイブランドストリート。高級感と親しみの融合《ゆうごう》。

好きなお酒は？

365日シャンパン（ドラゴンシャンパン）。

好きな音楽は？

Mr.Childrenと UVERworld。

好きな本は？

やっぱり東野圭吾の『白夜行』。

どんな男性を目指していますか？

内面も外面も
男前のリバーシブルハンサム。

好きな漫画は？

『HUNTER×HUNTER』（冨樫義博）。

好きな動物は？

イグアナ、ヘビ、トカゲ。
爬虫類《はちゅうるい》の顔が好き。
爬虫類カフェとかも
大好き。

お勧めの
パワースポットを
教えてください。

「春木開」っていう
歩くパワースポットは
いかが？

「春木開って誰？」という人も
いますが、どう思いますか？

それは僕の実力不足じゃなくて、
彼らの勉強不足！！

筋トレは嫌いですか？

身体を鍛えるより
心を鍛えるのに忙しくて。

#1

春木開の「人生」

WORD,01

すべての過去には意味がある。

控え目に言って、うちは貧乏だった。お金がないせいで惨《みじ》めな思いもいっぱいした。

野球部ではみんながスパイクを履いているのに、僕だけ底がつるつるのスニーカー。

ペットボトルのポカリをゴクゴク飲む友だちの横で、水道水を飲んでいた。

食卓にはおかずが1品出ればいいほう。ごちそうといえばマクドナルドだった。風邪を引いたときとテストでいい点を取ったときだけ、母が買ってくれた。ハンバー

#1

春木開の「人生」

ガーのために仮病《けびょう》を使ったこともある。一度バレてからは、100点を取っても買ってもらえなくなった。当時「ぴえん」という言葉があれば、まさに「ぴえん」だ。

友だちが猫や犬を飼っていて、動物好きの僕はペットが欲しいと親に頼んだ。連れて行かれたのは用水路。親が釣ってくれた2匹のザリガニが、僕の初めてのペットになった。名前は「ザリ」と「ガニ」。大好きな祖父母に紹介したくて、電車で祖父母の家に行った。着いたとき、ザリとガニは共食いして死んでいた。これも「ぴえん」だ。

子どもの頃の思い出には、すべて「貧しさ」が付いて回る。でも、そのおかげで学べたこともある。

「欲しいものは自分で手に入れるしかない」ということ。スパイクも、ポカリも、ハンバーガーも、犬や猫も、黙っていて向こうからやって来ることはなかった。自分でつかみにいくことの大切さを知らなければ、当然、成功なんてできなかっただろう。

過去は変えられない。これは真実だ。でも、辛い経験のどれか一つでも欠けていたら、いまの僕はない。**過去にどんな意味を持たせるかは、いまの自分にかかっている。**

WORD,02

親が貧乏だったことに、感謝している。

親が貧乏だったことを、情けなく感じたり、腹立たしく思ったりしたことはない。

親には、いつも申し訳なく思っていた。

子どもの頃は、誕生日だけお寿司屋さんに連れて行ってもらえた。もちろん回転寿司。回らないお寿司があるなんて、大人になって初めて知った。本当はハマチやマグロを食べたかったけれど、高いネタを頼むのは気が引けた。でも、気を使っているの

#1
春木開の「人生」

がわかれば親も気分はよくないだろう。「僕はマヨネーズ好きだから」と言って、コーンマヨ巻きばかり頼んだ。大好きな母のためならピエロにもなった。

早く自分でお金を稼げるようになりたいと、ずっと思っていた。

入学した高校はアルバイト禁止。学校にバレないように少し離れたセブン-イレブンで働いた。廃棄《はいき》される弁当を食べて、深夜はドン・キホーテで働いた。ヤフオクなどの、ネットで転売できるサービスが流行《はや》り始めたのが、ちょうどこの頃。当時から服が好きで、自分が着たい服を買って、ちょっと着たらすぐに売った。少ないけれど、そうしてお金を作る方法を考えた。**お金を使うことじゃなく、稼ぐことそのものが楽しかった。**

同級生でそんなにバイトを頑張ったり、ましてや転売したりしているヤツなんていない。お金を稼ぐということは、それだけですごく面白いことだ。**これもお金のない家で育ったからこそ、早いうちから知ることのできた感覚だと思う。**いまでもすごく役に立っている。親が貧乏だったことには、感謝しかない。

WORD,03

ルールは守るより作るほうがいい。

僕は中学2年生の夏から高校3年生まで、ずっと学級委員をやっていた。人気があったからとか、クラスのまとめ役だったからということではなくて、**僕が学級委員を続けたのは、ルールを作ることができるからだ。**

僕は中学校で野球部に入っていた。いつか憧れのプロ野球を見に行きたい。でもそ

#1
春木開の「人生」

んなお金もない。なんとかして見に行くことはできないか、ずっと考えていた。

ある日、修学旅行の行き先は各クラスの学級委員が協議して決めると知った。これはチャンスだ。ほかのクラスの友だちと組んで全クラスの学級委員をジャックできれば、自分たちの行きたい所に行ける。すべての学級委員が賛成するなら、プロ野球だって許してもらえるかもしれない。


翌年の修学旅行3日目、僕たちは福岡ドームのライトスタンドで歓声を上げていた。修学旅行でプロ野球を見に行くなんて、もちろん僕の中学校の歴史上初めて。僕がみんなを誘ったときにも、「本当に行けるのか？」と疑うヤツもいた。そうだね。そう言っているうちは行けないと思う。

やりたいことをやるためには、自分でルールを作ってしまえばいい。もちろんみんなが野球を好きなわけじゃない。文句を言う生徒もいっぱいいた。でも、文句を言うくらいなら、ルールを作る側に回ればいい。そうすれば、やりたくないことだってやらなくて済む。

僕が起業の道を選んだことは、こんなところにも原点があるのかもしれない。

WORD,04

みんなが幸せになる仕組みを作りたい。

野球にのめり込んだのは中学校まで。高校はバイトで忙しくて、部活には入っていなかった。部活にはげむ同級生たちを見て、みんなで何かに向かって頑張る姿をちょっとだけうらやましく思うこともあった。

3年生の学園祭。このイベントが終わると受験勉強一色になる。「みんなで思い出

#1
春木開の「人生」

作り」なんて場合じゃなくなってくる。だから、最後に何か楽しいことをしたかった。でも、バンドや演劇をやっているわけでもない。
結局、誰にでもできる出店《でみせ》をやることにした。どうせなら面白いお店にしたい。あっと思い付いて、フランクフルトを売ることにした。バイト先のコンビニに頼めば、安く仕入れることができる。調理も簡単だし、店長も喜んでくれるだろう。

学園祭当日、バイト禁止の学校だったから先生にバレないようにするのが大変だったけれど、フランクフルトはバンバン売れた。忙しいけれど、売れることはもちろん楽しい。一緒に売る友だちも、買ってくれる人たちも、それに店長も、みんな笑顔になる。終わったときには学園祭の最高記録を達成していた。

ビジネスをするなら、関わる人みんなが幸せにならなければいけない。僕ひとりだけが得をして、ほかの人たちが損してしまうのであれば、何も楽しくない。
上手に仕組みを作れば、みんなが幸せになれる。**誰かを蹴落《けお》としたりする必要なんてないんだ。**

WORD,05

お父さんの望むような息子になれなくて、ごめんなさい。

バイトばかりの僕の学力は、高校1年生の頃からぶっち切りの底辺だった。父は高学歴でプライドも高い。そんな自分の息子が落ちこぼれ。よほど我慢ならなかったらしい。だんだんと家族の中に確執《かくしつ》が生まれるようになった。

父は母にいつも「お前の教育不足だ」「母親の育児責任だ」と怒鳴《どな》っていた。母も黙ってはいない。「開らしく育てばそれでいいじゃないの！」とやり返す。

#1

春木開の「人生」

気付けば家庭内別居。僕が朝起きる頃に父親はもういない。帰ってくれば父親は自分の部屋の中。その部屋の前に食事が置かれ、しばらくすると食器は空になっていた。狭い家でどうやったらこんなに会わずに生活できるのか、不思議なくらいだった。

3年生の夏休み。みんな夏期講習に通うようになっても僕は相変わらずだった。バイトに出掛ける準備をしていると、久しぶりに父と顔を合わせた。2年ぶりの会話。そのときの父のひと言を、いまでも忘れられない。

「お前みたいな息子が生まれるとは思わなかった」

思いっきりボディパンチをくらった気分だった。腹が立つ暇もない。ただただ、申し訳なかった。お父さんの望むような息子になれなくて、ごめんなさい。

それからしばらくして、父は転勤願いを出して家からいなくなった。

人生にターニングポイントがあるとしたら、一つ目がここだと思う。父がいなくなって、みるみる家計は貧しくなった。母は働き始め、弟は荒れていった。これでも僕は長男だ。**自分も家族もこのままではヤバい**。初めて人生の危機を感じた。

WORD,06

奇跡はひと握りの人にしか起きない。それは、ひと握りの人しか奇跡が起きるまで努力していないということ。

父がいなくなってさらに家計が厳しくなる中、**この世の中はすべてにお金が必要なんだと改めて感じた**。将来はしっかりとお金を稼げるようになりたい。そのためにどうすればいいいか。答えは簡単だった。いい大学を卒業して社長になる。世の中を知らない18歳は、単純に経営学部を目指すことにした。

#1

春木開の「人生」

私立はお金がかかるから、受けるのは国立だけ。当時、経営学部のある関西の国立でいちばん偏差値《へんさち》が高かったのが、神戸大学。周りからは「お前が受かるわけない」と散々バカにされた。でも、**この試験に落ちるようなら、この先人生を変えることなんてできない**と感じた。

学年350人中348位、「ビリギャル男」の快進撃はここから始まる。

バカにしているヤツらを全員見返してやりたかった。遊んでいる暇はない。誘われても全部断った。「つまんなくなったな」って離れていくヤツもいた。辛かったけれど、**何かを得るためには何かを捨てるしかない**。

なるべく勉強に時間を使いたかったけれど、塾代のためにバイトは辞められない。レジ打ちしながら単語帳をめくった。誰よりも朝早く学校に行って勉強。バイトがなければ居残りで勉強。家に帰って勉強。毎日20時間くらい、ほとんど寝ずに勉強した。

模試では最後までE判定。合格確率は10パーセント以下。前期試験は周囲の予想通り見事に不合格だった。後期試験の合格発表。「春の木を開く」と書いて、〝春木開〟。名前の通り、桜が咲いた。

COMMENT

開の幸せが、私の幸せ

母

子どもはどうしても保育園に預けたくなかったから、私は専業主婦をしていた。生活費は夫の手取り14万円だけ。食費は家族4人で1日1000円だった。子どもたちには不自由させた。文句も言わずに、よく我慢してくれたと思う。もちろん車なんて持っていなくて、いつも自転車に開と弟を乗せて移動した。雨や雪の日は辛かったけれど、開は嫌がらずにレインコートを着て、自分で自転車の前にちょこんと座ってくれた。家に帰る頃にはずぶ濡れ。風邪を引かないか心配だったけれど、高熱を出すことは一度もなかった。ひとりで大きくなったような子だった。

開が2歳の頃。ミニカーを欲しがって、おもちゃ屋さんの前で珍しく駄々をこねた。なんとかあきらめさせて家に帰ったけれど、気付くと、開の姿が見えない。近所中大騒ぎ。川に落ちたのではないかと警察にも行った。あちこち探し回ってようやく見つけたのが、昼間に通ったおもちゃ屋さん。ショーケースの前にペタンと座って、じっとミニカーを見ていた。

まさか2歳の子がここまでひとりで来たなんて。アパートから1キロも離れているのに。こんなに車通りも激しいのに。

びっくりする私をよそに、開は「ママー、これ、これ」とミニカーを指差して楽しそうだった。よっぽど欲しかったんだね。買ってあげればよかったね。

小学校入学のときには、いい机を買ってあげたかったけれど、私の机で我慢させた。キャラクターのイラストも付いてない、古い机。「ロックマン」の電気スタンドだけ買ってあげると、開は笑顔で「ありがとう」と言ってくれた。

高校3年生の夏休み頃、開は神戸大学を志望校に選んだ。家にお金がないことをわかってくれていて、私立は一切受験しないと言った。

猛勉強のスタート。本当に、ある日を境に人間が変わったみたいだった。それまで家の中で勉強している姿なんてほとんど見たことなかったのに。みんなが夏期講習に行っているときでも、バイトに行くような子だったのに。

家中の壁に数学の公式や歴史の年号を貼って、ろくに寝ずに勉強していた。私には、受験が終わるまで健康でいられますようにって願うことしかできなかった。

前期試験の前日、私は試験会場まで開を連れて行くために、一緒のホテルに泊まった。余裕を持ってホテルを出発して、あらかじめ調べておいた電車に乗った。ここまでは順調だったけれど、とんでもない間違いをしてしまった。

私たちが乗った電車は、大学の最寄《もよ》り駅に停まらない特急列車。次の駅で降りてタクシーで大学へ急いだ。トイレに行く暇もなく、開は20分遅れで会場に駆け込んだ。

とても集中して試験に臨むことなんてできないはず。落ちたら私のせいだ。開があれだけ頑張っていたのに、私は何をやっているんだろう。自分が情けなくて、しばらく大学の門の前から動けなかった。涙が止まらなかった。

そして合格発表。案の定、落ちた。彼は不合格を受け止め、しばらく部屋から出てこなかったけれど、ひと言も私を責めることはなかった。

翌日からは後期試験に向けてさらに勉強に打ち込んでいった。でも、模試では最後までE判定。いつもの二重の大きな瞳が血走っているのを見て、彼の体が心配で、でも何もできなくて、無力な自分がやるせなくて、本当に辛かった。

後期試験結果発表の日。開がパソコンで大学のホームページを開いた。

結果をクリックする前に、私を振り返って言った。

「落ちとったらごめんな」

開の番号が目に飛び込んできた瞬間、喜びと安堵《あんど》が押し寄せてきた。また涙が止まらなくなった。開が受験勉強に向かったこの時間が、私の一生の宝物になった。

いま、開は欲しいものを手に入れることができる人生を、自分で切り開いたね。有言実行。でも、母としての希望です。お金だけでは得られない、「家族」を幸せにする喜びを知ってほしい。私は、そのことを開のおかげで経験しました。確かにお金はなかったけれど、あなたのとびきりの笑顔に何度助けられたことか、どれほどの幸せを教えてもらったことか。

子どもの幸せは親の幸せです。体を大切にしてください。時間を作って健康診断には行ってね。

WORD,07

大学で学べた唯一のことは、大学では何も学べないということ。

未来への夢と希望で胸がいっぱいで迎えた、神戸大学の入学式。**学長のあいさつを聞いた瞬間、僕の希望は打ち砕かれた。**

「いい大学に入って、いい会社に就職する。そうして勝ち組になれる時代は終わりました。大学に入ってもダメな人間はダメだし、大学に行ってなくても成功する人は成功する。この大学に入ったからといって、決してうぬぼれないでください」

#1

春木開の「人生」

いま考えれば当然だ。社会は昨日の当たり前が今日の当たり前ではなくなるスピードで進化している。昭和の考え方のままでうまくいくはずがない。

でも当時の僕には重過ぎる言葉だった。まさに絶望だ。

社長になりたくて経営学部に入ったのに、勉強するのは簿記や税務。税理士や公認会計士を目指すなら必要だろうけれど、僕はそうじゃない。

このまま大学にいて社長になれるのか。教授に質問した。

「僕、社長になりたくて経営学部に入ったんですけど、こんな勉強をしていて社長になれるんですか？」

「なんだお前。そんなこと言っていないで単位取れ」

考えてみれば、教授は大学に雇われている立場だ。そんな人に経営なんて教えられるわけがない。**せっかく頑張って勉強して入った大学なのに、経営者になるための勉強はできない**。これは最後まで同じだった。

大学で学べたことは何もない。強いて挙げるとしたら、大学では学べるものは何もなかったということだけだ。

WORD,08

何のために生きているのかわからなかった。でも、死ぬ意味もわからなかった。

初めてのひとり暮らしは家賃4万円、4畳1間のボロアパート。節約のためにエアコンも点けなかったけれど、一度夏の暑さに耐え切れず電源を入れたら風と一緒に大量のゴキブリが飛び出してきた。冬になれば隙間風《すきまかぜ》。どちらも震えが止まらなかった。

玄関には家を守るかのように家守（ヤモリ）がたくさんいた。僕が通るたびに、「いってらっしゃい」「おかえり」とあいさつしているようだった。

#1

春木開の「人生」

学費も生活費も、自分で稼がなければいけない。深夜まで居酒屋で馬車馬のように働いた。祖父の送ってくれたお米を炊いて、おかずはひとつまみのゴマだけ。高校生の頃はコンビニのバイトで廃棄の弁当をもらえたけれど、それもできない。いまだから言えるけれど、居酒屋のバイトではお客様の食べ残しをこっそり食べていた。

大学は中途半端に偏差値が高いからか、ガリ勉や真面目な人ばかり。話がまったく合わない。**人生で初めて友だちがいないことに悩んだ。**ひとり食堂で食事をするのが惨めで、隠れてトイレで食べたことが何度もある。

期待していた大学生活とはほど遠い毎日。経営者になるための勉強もできないし、友だちもいない。**ただ寝て起きて、つまらない授業を受けて、残飯処理を繰り返す。**孤独と隣り合わせの中、時間だけが過ぎていく。自分が人形になったようだった。

布団に寝っ転がって天井を見上げると、何のために生きているのかわからなくなった。でも、死ぬ意味もわからなかった。こんなときに限ってヤモリはいてくれない。

WORD,09

「大丈夫？」って聞かれたら、「大丈夫」って答えるしかない。

地元を離れるとき、当時の仲間たちは「辛くなったら、いつでも帰って来いよ」と盛大に送り出してくれた。だからといって、帰るわけにもいかない。次に会うのは、僕が結果を出してからだ。

電話やメールで相談するのも気が引けた。ときどき「大丈夫？」と聞かれることがあって、「大丈夫、大丈夫。なんで？」と返していたけれど、正直、全然大丈夫じゃ

#1
春木開の「人生」

なかった。**どんなに孤独でもひとりで耐えるしかなかった。**

「大丈夫?」って聞かれたら、「大丈夫」って答えるしかない。

「元気?」って聞かれたら、「元気」って答えるしかない。

「どうしたの?」って聞かれたら、「なんでもないよ」って答えるしかない。

素直に「助けて」と言えない人がたくさんいる。その気持ちを知っているからこそ、人に弱みを見せられない人の苦しさに気付いてあげたい。

僕はもう落ち込むことはなくなったけれど、不安を感じることはある。「KAISALON」を始めたときも、本当に入ってくれる人がいるか自信がなかった。そんなとき、サロンをSNSで宣伝してくれたり、友だちに勧めてくれたりする仲間が支えになった。僕が何も言わなくても、不安な気持ちを察してくれた。

「助けて」と言われる前に助けてあげることができる。僕もそんな人になりたい。

WORD,10

縁を機会に、機会を転機に変えるのは己のみ。

ある日バイトが長引いて、終電を逃した。もちろんタクシーに乗るお金なんてない。歩いて帰っていると、黒スーツのお兄さんに話し掛けられた。

「おう、兄ちゃん。いい仕事があるけど、興味ない？」

「知らない人について行ってはいけない」。ちゃんと教えられて育った。もちろん断ろうと思ったけれど、空腹を見透かされたかのような「飯でもおごるから話だけでも

#1

春木開の「人生」

聞いてみない？」という言葉に逆らえなかった。「タダ飯だけ食べて帰るんだ。僕は利用されてるんじゃない。僕が利用してるんだ」。自分を正当化しながら、サイゼリヤでミラノ風ドリアをかき込んだ。僕にとってはごちそうだ。

聞いてみると、キャバクラに女の子を紹介する仕事らしい。当時18歳、キャバクラに行ったこともなければ、女性との関わりもそんなに多くはない人生を生きてきた。そんな自分にできるわけがない。でも、その頃は絶望の毎日だった。**どうせ自分の人生、いまより落ちることもない**。やってみようと決めた。「縁を機会に、機会を転機に変えるのは己のみ」。唯一大学で学んだ好きな言葉だ。

翌日、人生で初めて大阪梅田に向かった。当時、大阪駅からHEP《ヘップ》へ繋がる短い横断歩道の前に、キャバクラの黒服やイベントサークルの若者、エステ業者など、キャッチがあふれていた。そんな中に田舎者が混ざって必死に声を掛けた。

それまでの人生で、無視される経験なんてほとんどなかった。でも**この戦場では9割無視される**。やっと反応してくれたと思ったら、「うざい。黙れ。死ね」「私の価値が下がるから話し掛けないでくれない？」。本当に、ぴえん過ぎた。

WORD,11

楽なほうに逃げるから、いつまでたっても楽にならない。

1時間頑張ったところで、心の糸がプツンと切れた。どれだけ声を掛けても、害虫を払うかのように扱われる。**俺、一体何してるんだろ。こんなことをするために関西に来たのかな。**無理だ。辛過ぎる。

やーめた！　やーめた!!　開き直って、「すみません。僕には無理でした」と昨日声を掛けてきた上司にメールを送った。

#1
春木開の「人生」

スッキリした気持ちで駅の改札をくぐろうとしたら、その上司が待っていた。

「おい。逃げられると思うなよ?」

ぴえん。終わった。これが夜の世界か。一度足を踏み入れたら二度と普通の世界には戻れない底無し沼。そこにハマってしまったのだという不安と恐怖を感じた。これから何をされるかを想像したら、膝が震えて動けなかった。


でも、上司は思いもよらないことを言ってくれた。

「今日、何時間頑張った?」

「1時間です」

「1時間だけで結果が出るヤツなんているか? お前が死ぬ気で頑張って、それでも無理だったんなら俺も何も言わない。ただ、こんなに簡単にあきらめるんなら、これから先、何かあるたびにお前は目の前の壁から逃げるようになる。楽なほうにばかり逃げるから、いつまでたっても楽にならない。さあどうする? **逃げ腰の人生を歩むか、立ち向かう人生を歩むか選べ**。それ以上は何も言わない」

僕は立ち向かう人生を歩むことにした。

WORD,12

地道がいちばんの近道。

上司の言葉に火を付けられて、とにかくがむしゃらにやってみようと思った。

知識もお金も人脈もない。そんな僕が勝負できるところは「量」しかない。受験勉強の経験が自分に教えてくれていた。

それから、人が休んでいるときに働き、人が遊んでいるときに働き、人が働いてい

#1

春木開の「人生」

るときはもちろん働き、人が終電まで働くときは始発まで働いた。休みなんて1日もなかった。

女の子に声を掛けて、タバコを顔に投げ付けられたこともある。待ち合わせしていた彼氏に胸ぐらをつかまれたこともある。警備員に怒鳴られたこともある。必死に声を掛けて無様に無視されているところを、友人に見られたこともある。

完全歩合制の仕事だったから、初めての給料はゼロ。翌月も1800円くらいだった。そこから少しずつ結果が出てくるようになった。

成功をつかむために必要なのは、圧倒的な「量」。

多くの人が「量」から逃げて「質」に走るけれど、勉強も仕事も、**量からしか質は生まれない**。

効率なんて、結果を出した人にしか見えない。遠回りを嫌がる人は、遠回りした分だけ見つかるものが多いということを知らない。

みんな近道ばかり探しているけれど、僕はこれからも地道を選ぶだろう。

WORD,13

「いまのうちに遊んでおけ」なんて言うヤツにはなりたくない。

大学を出たら、普通に就職しようと考えていた。いつかは社長になりたいけれど、まずはある程度学んでからだな。モテそうだし、ベンチャー寄りの広告代理店の入社試験でも受けようかな。

夜の仕事を辞めて、深い考えもなく就活を始めたとき、大学の就活対策の一環で、OBたちを訪問して話を聞く機会があった。彼らはいろいろな職業に就《つ》いていたけれ

#1

春木開の「人生」

ど、最後はみんな同じようなことを言った。

「楽しいのは学生のうちだけだよ。仕事を始めたら時間がなくなるから、いまのうちにいっぱい遊んどきな」

その言葉に、強烈な違和感を覚えた。OBたちの言葉を言い換えれば、「自分の人生は、大学を卒業してから下り坂。自分と同じような人生を送るために、同じような大学生活を送れ」ってことだ。恐ろしくない？

この人たちと同じように働いていたら、当然同じような人生を送ることになる。まっぴらごめんだ。


危なかった。僕はこんなに面白くない道に進むところだった。じゃあどうすればいいのか。考えてみると、答えはすぐに出た。

起業だ。それしかない。何年も学ぶ必要なんてないんじゃないか。**とりあえずやってみて、ダメならまた学ぶこともできる。**少なくとも、これから社会に出る後輩に「いまのうちに遊んでおけ」なんてカッコ悪いことを言いたくない。

そうして僕は、どんなビジネスをするのかもわからないのに、起業を決めた。

WORD,14

お金を稼ぐより、信用を稼ぐ。

僕は起業するとは決めたものの、特にやりたいこともなかった。

当時、仲間がネイルサロン開業を夢見て頑張っていた。**仲間の夢を叶えることが、自分の夢にも繋がる**。そう考えて一緒にネイルサロンを始めた。

僕にはこれといって才能も特技もなかった。もちろんネイルができるわけでもない。

でも他人が持っていないものがあった。それが「信用」だ。

#1

春木開の「人生」

ネイルサロンを始めると言った途端《とたん》、「カイくんのお店なら行くよ」と言ってくれる女の子がたくさんいた。「春木の店ならうちのグループ店舗の女の子全員行かせるわ」と応援してくれるキャバクラの社長の方々もいた。

ネイルサロンオープンの日。開店と同時にお店はお客さんであふれた。**いままで培《つちか》ってきた信用が、お金に変わった瞬間**だった。

「何の仕事が稼げますか？」

「どうやったらお金を稼げますか？」

よく聞かれる。本当によく聞かれる。インスタのDMや講演会で、みんなツクツクボウシのように同じ質問をする。メッセージを送ってくれたり、講演会に来てくれたりしている人たちだから、悪くは言えないけれど、みんな考え方が少し間違っている。

お金を集めようとして集まるのは疫病神《やくびょうがみ》だけだ。

「お金＝信用の対価」。Googleも Netflixも、人が集まるのは、その企業やサービスに信用があるからだ。目に見えるお金を稼ぎたいなら、まずは目に見えない信用という価値を稼がなければいけない。

WORD,15

考えてから動くな。動きながら考えろ。

ネイルサロンは順調に売り上げを伸ばし、僕は次々に事業展開していった。スワロフスキーショップ、完全個室の高級スパ、大型レストランバー。

それから全国30都市以上、海外でも開催した、white partyを主催することにもなった（2020年3月引退）。ドレスコードがオールホワイトのイベント。自分の店で小規模に始めたイベントが盛り上がり、関西最大級のナイトクラブからオファーが来

#1

春木開の「人生」

たのがきっかけだ。

よく勘違いされるけれど、僕はまったくパリピじゃない。生粋《きっすい》の「ビジネスパリピ」だ。音楽もJポップが好きだし、音がうるさいのは嫌いだし、クラブも嫌いだ。でも、**このタイミングで声が掛かったことには何か意味があるはず。**「縁を機会に、機会を転機に変えるのは己のみ」。挑戦することにした。

結果はそのクラブで過去最高の売り上げを記録。その後全国からオファーが来て、僕の名前を広めることにもなった。

こうした成功を単に運がいいだけだと思うかもしれないけれど、ちょっと違う。**何でも引き受ける覚悟がなかったら、いい波には乗れない。**

世の中には3種類の人間がいる。

波に乗る人間、波に乗らない人間、そして、波に気付かない人間。

考えている間に、チャンスは通り過ぎてしまう。**仕事ができない人は大体決断が遅い。決断が最終地点だと思っているからグダグダ悩むんだ。**できる人は、決断がスタートだと思っている。考えてから動くな。動きながら考えろ。

WORD,16

「お金がないからできない」って言う人は、お金があっても何もできない。

環境、年齢、才能。**自分以外の何かのせいにしている限り、結果は出ない。**

「お金があったらできるのになあ」と言う人もいるけれど、いまの時代、お金をかけなくても戦い方はたくさんある。

僕たち個人の最適解は、**「SNSをひたすらやる」**だと思う。SNSは権力も特権も持たない僕たちが、手の届かないはずの世界に衝撃を与えられる唯一の武器だ。

#1
春木開の「人生」

僕がイベント業界に参入したとき、フォロワーもそこまで多くはなく、イベント自体の認知度もまったくなかった。全国規模で開催していく中でも、地方には知り合いがいないから集客に困った。大手企業のように莫大《ばくだい》な広告費があれば有名ゲストを呼んだりすることもできるけれど、そんな予算もない。

考えた結果、低コストで利益を生むための広告ツールがSNSだった。イベントに興味がありそうな層にフォーカスを当てて、ひたすら「いいね！」をしたり、フォローしたりした。

そうして「いいね！」が返ってきたら、DMを送る。主催者3人で3万人にDMを送ったら、600人くらいが来てくれた。そこからも地道な繰り返しでフォロワーも増えていき、集客を重ねてイベントも成功させていった。

「お金がないから」
「時間がないから」

すべて言い訳に過ぎない。できることはいくらでもあるんだ。

WORD,17

人生がつまらないのは、親のせいでも国のせいでも時代のせいでもない。全部自分のせい。

起業を決意したとき、僕の周りに賛成してくれる人はいなかった。

大学の先生からは「せっかく内定をもらったんだから、安定した道を進め」と言われた。親からは「ちゃんと就職しろ」と叱られた。彼女からは「起業するなら別れる」と告げられた。

結果的に僕は起業を決め、大学に行かなくなり、親には泣かれ、彼女にはフラれた。

#1
春木開の「人生」

人のせいにしてあきらめるのは簡単だった。言われた通りに就職すれば、そこでうまくいかなくても、あのとき先生が、親が、彼女が言ったからこうなったんだと、自分に言い訳することができる。

でも、**一度言い訳をする癖が付いてしまえば、何に対しても言い訳をするようになる。**うまくいかないことを人のせいにしていては、いつまでたっても変われない。

事業が軌道に乗り始めた頃、僕はインドを旅行した。カースト制度の残るインドでは、生まれたときから身分も職業も決まっている。自分で人生を選ぶことのできない人もいる世の中で、日本に生まれた僕らは自由に道を選ぶことができる。

貧しい家に生まれたって、たとえ障がいを抱えていたって、何かを始めることを禁止されているわけではない。人生を変えるチャンスはいくらでもある。**自分がやるかやらないかだけ**だ。

人生がつまらないのは、親のせいでも国のせいでも時代のせいでもない。全部自分のせいだと思えなければ、10年先もいまのまま。

WORD,18

反対してくれてありがとう。おかげで頑張ることができる。

何かに挑戦しようとすると、反対する人がいる、批判する人がいる、バカにする人がいる。挑戦すれば目立つからだ。目立つ人は必ず叩かれる。

僕もバカにされ続けてきた。大学受験では「お前なんかが受かるわけない」。起業するときも「お前なんかにできるわけない」。white partyだって、「お前らみたいに遊びでやっているヤツらがうまくいくわけがない」。

#1

春木開の「人生」

正直、どうでもいい。**反対されたからといって、やめる理由にはならない**。何をするにも、「でも親が」みたいに言う人がいるけれど、あれは何なんだろう。親に反対されてやめるくらいなら、やったところでうまくいくわけがない。

たとえ**100人中100人に無理だと言われても、その100人が間違えていたという結果にすればいい**。何を言われようが結果を出せば評価は変わる。

僕は反対されることで、「見返してやりたい」という思いが強くなる。それが行動力にも繋がる。反対されればされるほど、達成したときの喜びも大きくなる。賛成されるより、むしろ反対されるくらいのほうが挑戦しがいもある。

やると決めたからには誰が何と言おうと迷ってはいけない。誰かに反対されたら言ってやればいいんだ。

「反対してくれてありがとう。おかげで頑張ることができる」

そもそも**みんなが「いいね」って言うものなんて、もう誰かが手を付けた後**でしょ？

Q 人生で忘れてはいけないものは何ですか?

A **謙虚さ! 目線は高く、腰は低く。**

Q カッコいい男の特徴を教えてください!

A 一つ、「ポジティブ」。二つ、「見返りばかり求めない」。三つ、「後輩をかわいがる」。四つ、「周りに火を付ける」。五つ、「根拠のない自信がある」。これで完璧だと思う。

Q いまの仕事は安定しているけど、楽しくない。でも安定から抜けられなくて、辞める勇気がないです。

A ぬるま湯に浸かっていても気持ちよくなくない? でも出ると寒いから、動けないんだろうね。大切なのは一歩踏み出す勇気。

Q 人生で一番凹《へこ》んだことは何ですか?

A 順位付けできないくらい、凹んだこと、苦しんだこと、だまされたこと、裏切られたことはたくさんある。これからもたくさんあると思う。でも、振り返ってみればあきらめず乗り越えてきた経験はすべていまに生きている。難が無い人生は無《ぶ》難《なん》な人生、難がある人生は有難《ありがた》い人生。

23歳社会人です。
貯金するべき？　使うべき？
バッグを買うか迷っています。

バッグがいいかどうかはわからないけれど、若いときは自己投資にお金を使うべき。貯金では経験は買えない。経験と教養がなければお金を操ることはできないし、品格も出ない。

なんでそんなに派手なんですか？
孫正義はネックレスを着けません。
本当の金持ちはチャラチャラしないのでは？

春木開は孫正義になれないけれど、孫正義も春木開にはなれない。

何もしたいことがなく、
適当に過ごしている私に喝《かつ》を！

「過去」の積み重ねが「いま」で、「いま」の積み重ねが「未来」になる。あなたが適当に過ごしている「いま」は、将来あなたを愛する人が受け入れなきゃいけない「過去」になるんだからね！

ギャンブルはしますか？

本物のギャンブルはしない。
賭けるのは「人生」だけ。

#2

春木開の「仕事」

WORD,19

営業は足ではなく指先でできる時代。

僕のことをインスタで知ってくれた人も多いと思う。SNSがなければ、もしかしたらいまの自分はいなかったんじゃないかと思えるほど、僕はSNSを使いまくっている。先日調べたら、**1日に4時間半インスタを操作していた**。さすがに驚いた。

大阪で起業した頃は、いまほどSNSを使っていなかった。まだまだSNSが浸透《しんとう》

＃2

春木開の「仕事」

していなかったということもあるけれど、リアルの世界だけでも十分知名度を高めていくことができた。大阪は東京ほど人が多くないし、ビジネスの世界もコンパクトだ。人の繋がりも強いから、アナログなやり方でも通用する。

でも東京に進出しようと思ったとき、同じやり方では無理だと思った。人もビジネスの数もとにかく多い。注目してもらえないことには、勝負にならない。

だからまず、**どうすればSNSで自分の名前を拡散できるかを考えた**。効率的にフォロワーを増やすためには、フォロワーの多い人にタグ付けしてもらうことだ。フォロワーが多いのは大体女性。モデルやタレントは男性の写真を載せることができないけれど、キャバクラ嬢ならお客さんとして載せることができる。そこで有名なキャバクラ嬢にタグ付けしてもらえるように、全国のキャバクラを回った。僕のフォロワーも順調に増えて、いつの間にか「キャバ王」と呼ばれるようになった。

いまは、指先だけで営業できる。若い人ほど敏感で、フォロワーを増やすためにみんな頑張っている。知らない人からすれば自己満足に感じるかもしれないけれど、立派なビジネス的戦略だ。

WORD,20

学ぶ人と学ばない人の格差は広がるばかり。

「起業したい」という人はたくさんいるけれど、みんな本質を理解していない。「社長になりたい」という気持ちが強過ぎて、とにかく会社を作ることを優先する。

考えが足らないのが、特に「人を集める」ということについて。まず起業して、それから従業員やお客さんを集めようと考える。でも、**人を集める方法を覚えてから起**

#2

春木開の「仕事」

業するほうが、リスクも少なくなるし、成功の確率もグッと上がる。

僕がSNSを始めたきっかけは、東京進出だ。自分のブランディングのためだった。その結果は、まず求人に現れた。人材不足といわれる時代に、SNSで募集したら100人近くが面接に来てくれた。それに、自分自身が影響力を持つことで、集客効果にも繋がった。結果、求人費や広告費が不要になった。さらにSNSでフランチャイズを募《つの》り、全国展開に繋げた。

SNSで世界中の情報が収集できるいま、視野は海外まで広がる。僕のSNSを見たセブ島のイベント会社から声が掛かり、2019年には海を渡ってイベントを開催することができた。

SNSを近況報告ツールとしてだけ使うのはもうやめよう。戦略的に活用することで未来は変わる。

もちろん、SNSにもスキルが必要。それをいますぐ学ぶべきだ。SNSの普及で起業天国の世の中なのに、「お金がないから」と言い訳する人がいる。お金がかかるのは、スキルがないから。学ぶ人と学ばない人の格差は広がるばかりだ。

WORD,21

遊びで突き抜けたら仕事になる。

僕は「キャバ王」と呼ばれている。キャバクラでかわいい女の子とシャンパンを飲むことで、お金を稼いでいる。僕がSNSで拡散することが、お店の集客や求人に繋がるわけだ。その様子をメディアにも取り上げてもらうことで知名度も上がり、自分のビジネスをさらに加速させることになった。

これは僕のブランディング戦略でもあるけれど、キャバクラでお酒を飲むというこ

#2

春木開の「仕事」

と自体は遊びだ。いまは遊びでも突き抜けることで仕事になる時代だ。

「遊び」は娯楽、「仕事」は生きていくためにしなければいけないこと。その固定観念は古い。遊びなのか仕事なのか、自分でもわからなくなるくらいに極めていく。**遊びのように仕事をして、仕事のように遊ぶ。**そんな働き方改革も必要だ。

AIの発達によって、単純作業は機械がするようになる。多くの余暇《よか》が生まれて労働の必要性が下がり、遊びやエンタメの要素がこれまで以上に重要になってくる。食べるために働くのでなく、楽しく生きるために働く。これからの時代、優秀なだけのビジネスマンや、金儲けだけが得意な経営者の価値は下がる。機械にはない創造性で、遊びから価値を生み出せる人の重要性が増してくる。

時代は一周して、平安時代のように遊びが大切な社会になる。当時、和歌を詠《よ》むことにビジネス的な意味はなかった。でもそこに感動が生まれて文化になる。生活に必要なものはすべてそろう時代、価値はそうしたところから生まれる。

ビジネスで成功するかどうかのカギは、仕事を最大の遊びにできるかどうかだ。

COMMENT

カイは私の「お兄ちゃん」

進撃のノア

北新地CLUB REIMS《ランス》代表取締役。大学を2年で中退して、中学生の頃から憧れていたキャバクラの世界に入る。「日本一稼ぐキャバ嬢」として知られる。源氏名《げんじな》はお客さんに覚えてもらえるように、インパクト重視で考えたもの。

気付いた頃にはめちゃめちゃ仲良しだった。

みんなから顔が似てるって言われて、いつのまにか兄弟ということになっていた。

そんなに似てるかな。

最初はちょっと恥ずかしさもあったけど、いまでは本当のお兄ちゃんだと思ってる。

悩みがあったらいちばんに相談する。仕事のこともプライベートのことも、カイにならなんでも話せる。彼氏とケンカしたときだって、カイがいなかったらそのまま別れていたかも。カイはお兄ちゃんでもあり、恋のキューピッドでもあるのだ！

カイの周りにはいつも人が集まる。
それを見て、いつもすごいなあって思う。なんでなんだろう。周りの人のことをいちばんに考えているからかな。カイのわがままなら、みんな嫌な顔一つせずに聞いてしまう。そんな不思議な魅力を持っている。

見た目はパリピ、中身は真面目。
そんなカイには、いつまでも素敵な兄貴でいてほしい！

COMMENT

カイ君はすごいプロ意識を持つ男

エンリケ

OGAWA株式会社代表取締役社長、株式会社エンリケ空間代表取締役社長。3日間で2億5000万円を売り上げた、元東海ナンバーワンキャバ嬢。ユニークなキャラクターで人気となり、メディア出演も多数。引退後も銀座でシャンパンバーやエステサロンを経営するなど、実業家としても活躍している。

出会いは突然。私が働いていた名古屋のお店に、ある日いきなりカイ君が現れた。インスタで有名だからもちろん興味もあった。いつか会ってみたいと思ってたけど、自分からアクションを起こす勇気はなくて、なかなか機会はなかった。だからホントに嬉しくて、真っ先に席に着いた。

なんとなく、いばっているイメージだったけど、話してみると180度印象が変わった。フランクですごく話しやすい人だった。

それからも名古屋に来たときはお店に顔を出してくれた。あるとき、私のお客様に理不尽なことでカイ君が怒られることがあった。それなのにカイ君は頭を下げて、その場ですぐに対応した。その姿にすごいプロ意識を感じた。

カイ君はインスタでは派手な生活ばかりを見せているから誤解されがちだけど、ホントは真面目で謙虚な人。

いつもLINEのレスポンスが早くて、電話もすぐに出てくれる。だから今回、本の話を聞いて私もすぐ協力しようと、いま、書きました。

カイリケにはこれからもいろんな世界に行って、どんな所だったかを私たちに教えてほしい！　そしてカイリケらしくカイリケの道を突っ走ってほしい！　これからの活躍を心から楽しみにしてます！

WORD,22

アンチは革命を起こすための副作用。

何か新しいことをしようとすれば、必ずアンチは出てくる。

僕にもアンチはたくさんいる。オンラインサロンを始めれば、「宗教を始めた」と言われ、クラウドファンディングをすれば、「乞食《こじき》の物乞い」と言われた。

そうしたコメントを、昔はいちいち気にしていた。でもいまでは、小鳥のさえずりのように聞こえる。**申し訳ないけれど、僕と彼らでは住んでいる世界が違う。**相手にしてもしかたない。

主役は叩いている人ではなく、叩かれている人だ。**アンチ君たちが必死に書き込んでくれている間に、僕は彼らの100倍人生を楽しんでいる。**

それどころか、彼らは勝手に僕の名前を拡散してくれる。「春木開チャラい」「キャバクラで飲んでるだけの春木開」。すごくありがたいことだ。僕にとって無料の広告。そうして知名度もフォロワーも増えて、僕の目指す革命に近づいていく。

アンチ君たちも、普段はきっと多くのことを我慢しているんだと思う。無理して周りに合わせて、他人に優しさをばらまく。ネットの世界の中、匿名《とくめい》でなければ言いたいことも言えないのだろう。

彼らは僕に当たり散らすことで、そのストレスを発散しているのかもしれない。多かれ少なかれ、誰だって同じようにバランスを取って生きているのかもしれない。

僕は今日も誰かに嫌われている。そうして優しい社会を成り立たせているんだ。そう考えると、「今日もいいことしてるなー」って思う。

WORD,23

誰かが何かをしてくれるのを待っている人に、何かが訪れることはない。

成功する人とそうでない人のいちばんの差は、自ら動くか、人から指示を与えられるのを待っているかだ。

KAISALONに入ってくれる人たちは、モチベーションの高い人ばかり。「人生を変えたい」と、一歩踏み出せた人たちだ。

でも、それだけで何かが変わると考える人がいる。入会したことに満足して、それ

#2

春木開の「仕事」

以上の行動を起こさない。それじゃダメだ。何も手に入らない。**ライザップに入会したから痩《や》せるわけではなく、そこで努力した人が痩せる。**このことを理解している人たちは、自ら積極的に動く。少しでも有益な情報を集めようとメンバー同士でコミュニケーションを取ったり、グループを作って自分たちでプロジェクトを立ち上げたりする。当然、結果が出るのも早い。

経営者のいちばんの仕事は、仕事を取ってくること。仕事は与えられるものではなく、自分で見つけ出すものだ。これは会社員でも同じ。**言われたことをただこなすのは、「仕事」ではなく「業務」。**いつでも替えが利くし、近いうちにＡＩに取って代わられる。指示待ち人間には、そのうち業務すら与えられなくなるだろう。

これまでは、優秀に業務をこなすだけでも生き残れた。これからは違う。誰かが何かをしてくれるのを待っていても、回ってくるのは余り物だけだ。**自分で考えて自分で動くことができなければ、人並みの生活すらできなくなる。**

みんな、「仕事」できてる？

WORD,24

置かれた場所で咲けない人は、自分の好きな場所でも開花しない。

現状に不満があって、でも行動しないヤツがよく言う愚痴《ぐち》。

「この会社には向いていない」

「上司が悪いから能力が発揮《はっき》できない」

これはうまくいかないことを自分以外のせいにしているだけ。言い訳なんていくらでもできる。

#2
春木開の「仕事」

もし本当にやりたいことがあるのなら、**まずは自分のいる職場で求められていることをしっかりとやるべきだ**。そこで結果も残せないようなら、どこへ行ってもうまくいかない。


以前、僕の講演会で若い女性が質問してくれた。

「職場で髪の色を暗くしろって言われます。カイさんを見ていたら、髪の色なんて関係ないって思いました。明るくしてもいいですよね」

僕は答えた。

「あなたが職場で結果を残しているんだったら、問題ないと思うよ。でも、やらなきゃいけないこともできていないのに、ただ髪の色を明るくしたいって言ってるんだったら、それはただのエゴ。まずは結果を出そう。そうすれば周りも一目置いてくれる。髪の色を変えたって許してくれるかもしれない」


結果を残さなければやりたいことなんてできない。死ぬ気でやれば、たいていのことで結果は残せるはず。まずは置かれた場所で咲く努力をしよう。

WORD,25

一瞬で感動する絵を、一瞬で描くことはできない。

インスタに派手な写真ばかり上げているからか、僕に対してチャラい印象を持つ人は多い。簡単に成功したように言われることもある。でも実際には貧乏だったし、泥臭い思いをした時間のほうが長い。

人間力は「映《ば》えないことをどれだけやってきた」かに比例する。大切なのはインスタ映えの裏側でどこまで努力できるかだ。努力自慢をしているわけではなくて、当た

#2

春木開の「仕事」

り前のこと。誰だって、努力しないで結果は出せない。偶然出たとしても、成功を続けることはできない。

勉強でも、ビジネスでも、何かを成し遂げようと思ったら、それなりに時間がかかる。みんな知っていることだと思う。


他人の努力の結果でも同じこと。それを忘れてしまいがちだ。

会社に新入社員として入社する。すでにある会社、すでにある仕事、すでにいる顧客。全部そろったところから始められる。当たり前のようだけれど、すごくありがたいことだ。その環境は先輩が、上司が、さらにその先人たちが作ったもの。多くの人の努力のおかげで成り立っている。

そのことに気付かず、当たり前のこととして給料をもらう。先輩に教えを乞う。愚痴を言う。自分が同じものを作るのに、どれだけ時間がかかるかを考えよう。

どんな名画も、一瞬で描くことはできない。**表面に見えるものだけでなく、その裏に隠れているものに目を向けなければいけない。**

WORD,26

TTP（徹底的にパクる）。

「成功するためには何から始めたらいいいか」という質問をよく受ける。

個人なら「服装」「言動」「ブランディング」、企業なら「業種」「マーケティング」「人材育成」を、〝真似〟することと答えている。

これらの課題に対して、実際にどうしたらいいのかわからないという人が多い。であれば、**他人の真似をすればいい**。すべてが理想的ではなくても、特定の部分で優秀な人や会社は必ずある。見つけたら、徹底的に真似をし続けてみる。

そうしてノウハウや知識をスポンジのように吸収する。いいなと思った部分は素直に尊敬して真似をする。それが成功できる人の条件だ。反対に能力の低い人ほど「プライド」が邪魔をする。素直に尊敬できず、真似もできない。

#2
春木開の「仕事」

大切なことは誰が始めたかじゃなく、誰がやり切ったか。真似を極めた人がパイオニア（先駆者）となる。

僕らがやっていたwhite partyもそうだった。2015年くらいに、Sensationというフェスがオランダから日本に初上陸した。これを僕たちはTTP（徹底的にパクる）した。フルコピの中に自分たちらしさを組み込んで、とことん追求していった。

Sensationの規模は大きかったけれど、国内2回の開催で終了。white partyはパクリだと言われながらも、全国30都市以上で開催。海外にも展開を広げた。以来、全国各地で同じようなイベントが開催されている。

真似されるのは魅力的な証拠。真似されたら新しいものを作ればいい。パクられたと騒ぐほうがダサい。いちばん怖いのは真似されなくなったときだ。

WORD,27

プライドは捨てても誇りは捨てない。頭を下げても心は下を向かない。

ビジネスをする上で、人に頭を下げることは絶対に必要。**能力が低い人ほどプライドだけが高く、頭を下げるのを嫌がる。**頭を下げる人を見てバカにする。泥臭い思いをしないで、成功することなんてできない。こんなの、誰だって知っていることだ。

大事なのは、何のために頭を下げるか。ただペコペコするのではなくて、ここに行

#2

春木開の「仕事」

きたい、これを学びたいという大義があるから頭を下げる。土下座しても、這《は》いつくばっても、心は下を向かない。譲れない誇りのために、くだらないプライドを捨てる。

起業して軌道に乗るまで、何度頭を下げたかわからない。

大学では何も学べなかったから、直接経営者に話を聞きに行った。相手からすれば、大学生の僕に教えるメリットなんて何もない。僕が彼らに何かを与えようと思っても、何も持っていない。だから頼みこむしかない。少しでも真摯《しんし》な気持ちを伝えようと、とにかく頭を下げ続けた。

いまだって、頭を下げなければいけないときはたくさんある。もちろんいい気持ちのすることじゃない。できればやりたくない。

でも、そんなの大した苦痛じゃない。**前に進めないことのほうがよっぽど辛い。**

僕は進化するためだったら、頭も下げられる。泥臭いこともできる。体を張ることもできる。その先に**頭を下げる悔しさなんてどうでもよくなるくらい楽しいことがある**と、知っているからだ。

WORD,28

叱られなくなったら、もう終わり。

成長できる人とは、失敗を恐れずに挑戦することのできる人。
もう一つ、とても大事なことがある。
それは、**叱られる覚悟が出来ていること**。
叱られるのが嫌だから、自分のできることだけをしようとする人がいる。確かに大

#2

春木開の「仕事」

きなミスはしないかもしれない。でも、そつなくこなしているだけでは、いつまでたっても成長しない。

そもそも、前向きに取り組んでいる部下が失敗したからといって、叱る上司はいない。いたとすれば、そんな人の言うことは聞かなくていい。

叱られることを避けるのは、自信のない人が多い。「こうすればいい」とアドバイスしても「僕にはできません」と言う。「それは春木さんだからできるんでしょ」なんて言う人もいる。

でも、**叱られるということは、自分が認められているということでもある。**期待の表れだ。誰だって、相手にできるはずもないことをアドバイスしない。「彼ならできるはず」「もう少し頑張れば結果が出る」。上司はそう考えて叱っている。

叱られたときの言葉にこそ、自分が成長するためのヒントがある。**叱られて不貞腐《ふてくさ》れたり、文句を言ったりするような人は論外**だ。それ以上、誰もアドバイスしようとは思わない。

叱られなくなったら、もう終わりだと思ったほうがいい。

COMMENT

春木社長はダイヤモンド

斎藤社長（元従業員・国内最大級投資サロン運営）

春木社長の第一印象はダイヤモンド。オーラがキラキラしていて、何よりも硬い意思を持っています。どんな逆境に立たされても、まっすぐにやり遂げようとする姿を見て、この人について行こうと決めました。彼は誰よりも自分に厳しい。仲間にも厳しい。その厳しさは、本当の優しさだと思う。

彼のようになりたければ、彼の真似をすればいい。真似はカッコ悪いことじゃないということも教えてくれました。とはいっても彼は恐ろしいほどのスピードで生きているから、真似するのも大変だし、やっと真似できたと思ったらもう次のステージに進んでいます。このまま突き抜けて、閉鎖的な日本に風穴を開けてほしいと思います。

COMMENT

春木社長の背景には圧倒的な努力がある

斎藤社長（元従業員・建設会社経営）

「返信は早くしろ。暇な人ほど返信が遅く、頑張ってる人ほど返信が早い」

「当たり前のことを誰よりもこだわってしなさい」

「死ぬ気の努力の積み重ねが、自分すら想像することのできない未来を切り開く」

春木社長にはたくさんのことを学びました。いま僕が頑張れているのも、春木社長の言葉があったからです。

春木社長は華やかに見えるけど、華やかさの裏には、圧倒的な努力と地道な毎日があります。そして自分より相手のことを思いやります。どんなときも、私利私欲では生きていません。だから人が集まってくるのだと思います。

COMMENT

春木社長の真似はできない

北新地のネイマール（元従業員・飲食店経営）

とにかくスピードにこだわる春木社長。よく寝坊していた私はこう言われました。

「君が寝ている間に大きな仕事の依頼が舞いこんだらどうなる？　すぐほかの人の所に行ってしまうよ。1分1秒でほかと差が付くんだ」

COMMENT

「お礼も早さが大事。ご飯に連れて行ってもらって、別れてすぐにお礼の連絡をするのか、次の日になるのか。インパクトは大きく変わる」

いまでは生きていく上で本当に大切なことだと、ヒシヒシと感じています。

春木社長は一見派手ですが、とことん考えて、計画を練る人です。何事にも本気でまっすぐです。仕事はもちろん、仲間に対しても本気。従業員の誕生日は徹底して覚えていて、毎年最高のお祝いをしてくれる。真似したくても簡単には真似できません。

開さんは誰よりも真面目

宮崎（従業員・美容関係）

よく言われていることだと思いますが、開さんは見た目はチャラチャラしていても、誰よりも真面目で、義理人情に厚い方だと思います。

「連絡が遅い」

「朝起きるのが遅い」

開さんには、たくさん叱られた記憶があります。

中でも特に強く教わったのが、礼儀や挨拶の面です。お礼の連絡を忘れて、どつかれたこともありました。

僕がずっと幸せでいられるのは、成長を実感できているからだと思います。その核になっているのは、すべて開さんに教わったことです。それに、大好きな方が周りにたくさんいること。それも、元をたどればすべて開さんに繋がります。本当にありがとうございます。

COMMENT

開さんは見たことのない景色を見せてくれる

清水代表（従業員・Restaurant Bar Lux-Ria《ルクスリア》代表）

開さんに教えていただいたことで僕が大事にしているのが「当たり前のことを当たり前にする」ということ。売り上げばかり意識していた僕に、それより大切なことを教えてくれました。周りには見えないような雑務やレスポンス。当たり前のことを当たり前にできないと成長しない。いまでも大事にしている教えです。

これからも僕たちが見たことない景色を見せ続けてほしいです。

WORD,29

仕事の速さではなく、仕事に取り組む早さですべてが決まる。

仕事を速く進めるためには、ある種の能力が必要だ。判断力や洞察力《どうさつ》の高い人は、迷わずに仕事を進めることができる。余計な回り道もしない。ミスも少ない。余計な作業も抱え込まない。当然、仕事が早く終わる。

でも、そんな能力がなくても、気にする必要なんてない。実際には、仕事で結果を

#2

春木開の「仕事」

出せるかどうかは別のところで決まる。

大切なのは、仕事を終わらせるスピードではなく、仕事に取り掛かるスピードだ。仕事の速さは能力の問題。どうしようもない場合もあるけれど、スタートの早さは意識の問題だ。誰にでも実践できる。

僕は部下のミスは怒らないけれど、「遅い」ことにはとても怒る。

例えば仕事上の相談のメールが送られてきたとする。すぐに返信すれば、相手も安心する。信頼を稼ぐことで「困ったらとりあえず相談する相手」になることができる。

一方で、返信が遅ければ、相手は信用してくれなくなる。以降、何のチャンスも巡ってこない。

仕事は丁寧にやらなければいけないと思う人もいるだろう。それは確かだけれど、**多少雑だろうが、実際の仕事ではスピードが評価される**。客は仕事の早い人間に仕事を頼む。上司は仕事の早い人間に仕事を頼む。**仕事の早い人間は嫌でも出世する。**

仕事に取り組むのが早い人に締切日はない。遅い人にだけ締切日があるんだ。

WORD,30

モチベーションなんてとっくの昔に捨ててきた。

最近は、仕事のやりがいとか、モチベーションが大事にされる。もちろん大事なこと。僕も社員たちにはなるべく前向きに働いてもらえるように気を付けている。

でも、ちょっと違和感もある。何か嫌なことがあったり、結果が出なかったりすると、「モチベ下がるわ」みたいなことを言う人もいる。ひどければ、モチベが出ない

#2

春木開の「仕事」

ことを仕事ができない言い訳にする人もいる。

彼らは、**上司がモチベーションを上げてくれるのを待つつもりだろうか、恋人になぐさめてもらうつもりだろうか。**それってただの甘えじゃないか？

僕もいいことが続いたときに、「おっしゃ頑張ろう」といつも以上にやる気が出ることはある。でも、一定以上に下がることはない。

「やる気」とか、「モチベーション」とか、そんなあやふやなものに左右されていては、危なくてしょうがない。会社員としてはなんとかなっても、経営者は務まらない。いつでも一定以上のパフォーマンスを出せなければ、仕事の計画すら立てられない。

どうしてもモチベーションが必要だというなら、「誰かのために」を考える。彼のため、彼女のために頑張ろうという気持ちはあっていいと思う。でも、「自分のため」のモチベーションは長続きしない。

これは人生でも同じ。**自分優先の生き方は、いつか必ず限界を迎える。**誰かのためにと考えるから、頑張ることができるんだ。

WORD,31

朝令暮改《ちょうれいぼかい》より朝令朝改。

この原稿を書いている現在、新型コロナウイルスが、大きな社会問題となっている。僕は当初SNSで、「過度な自粛《じしゅく》はすべきではない」「コロナよりインフルエンザのほうが危険」「餅をのどに詰まらせて死ぬ人のほうが多い」と発信した。みんなが自粛し過ぎることで経済が回らなくなる。お金に困って自殺を考える人もいるかもしれない。それを避けるためにもお金を回そうと、自粛期間も飲食店に行った。

＃2

春木開の「仕事」

そして緊急事態宣言が出たいま、「楽しく自粛しよう！」と私財を200万円くらい使って、Nintendo Switch や「あつまれ　どうぶつの森」を配ったりしている。それに対して「餅のほうが危険って言ってただろうが！」「最近まで旅行してただろうが！」と批判する人が出てきた。つまり、「言うことが変わっている」のが問題だと言いたいんだろう。

でも、数週間で状況がこんなに大きく変われば、考え方も変わって当たり前だ。コロナに限らず、**大きなゲームチェンジが起きたときは、柔軟に戦略を変えなければいけない。変えてはいけないのは理念。**僕の場合、戦略は変えても「人を救いたい」という理念は変えていない。

ダーウィンの進化論が示すように、**生き残るのは強い者でもなく、賢い者でもなく、変化に対応する者。**社会が急速に変化する時代ではなおさらだ。「朝令暮改」はネガティブな意味で使われることが多い言葉だけれど、「朝礼朝改」くらいでちょうどいい。「初志貫徹《しょしかんてつ》」なんて考え方は捨てなければ、今後は生きていけない。

百見《ひゃっけん》は一回に如《し》かず。

何事も不完全な状態でアウトプットすることを、恥ずかしいと考える人が多い。完璧に作り込んだものでなければ、世に出すべきではないという考え方だ。

でも、**アウトプットしない限り、フィードバック（改善）は生まれない**。

僕は毎日、1時間のインスタライブを配信している。始めたときはぎこちなかったけれど、だんだんとうまく話せるようになった。フォロワーからどんな質問をされても、スムーズに回答できる。たまにハマる答えが浮かばなかったときは、メモしておく。後で「こう答えればよかったんだ」と考えて、次に生かすようにしている。

YouTubeもそう。まずは動画を配信してみる。いろいろなデータを分析して、視聴者がどれくらい見続けたのかをチェックする。そうすることで、どうすれば長く視聴者を維持できるかを考える。

視聴者からのコメントを見て初めて、「ああみんなはこんな動画を求めてるんだ」ということがわかる。だから「それならこんな企画をしよう」「こんな編集をしよう」「このくらいの尺にしよう」と改善できる。

机の上だけでは、アウトプットもフィードバックも生まれない。多くの企業が机上で事業やコンテンツを作ろうとしているけれど、そこで正解なんて出てこない。

大切なのはとにかく市場に出すこと。市場に出したら何かしらの答えがわかる。「百聞《ひゃくぶん》は一見に如かず」という言葉があるが、「百見は一回に如かず」が正しい。まずやってみることが、差を生むんだ。

WORD,33

僕は電話を使わない。

『年収1億円の人は、なぜケータイに出ないのか?』(水野俊哉著・サンライズパブリッシング)という本で、共感する内容がこれだ。

「年収300万円の人は、すべての電話に出る　年収1000万円の人は、大事な電話に出る　年収1億円の人は、電話に出ない」

#2

春木開の「仕事」

「今日のご飯何時からでしたっけ?」「場所どこでしたっけ?」「今日何の服着て行く?」。いちいち電話してくるヤツもいる。いやいや、LINEでいいだろ。

電話は掛け手の都合で相手の時間を一方的に奪う。仕事ができる人ほど時間の尊さを知っているから、人の時間を奪わない。

僕もLINEで済む内容のことをわざわざ電話しないようにしている。どうしても電話で話さなければいけないときも、まずはLINEで「いまお電話大丈夫ですか?」と確認する。

誰でも他人の家に入るときには呼び鈴を押す。それと同じ感覚だ。**いきなり電話をするのは、人の家に土足で入るようなもの。**

めったに電話をかけない僕だから、いざ電話をかけるときはみんな緊急だと思って必ず出てくれる。それにLINEでメッセージを残すことで、「言った、言ってない」の水掛け論を避けることもできる。

気持ちをしっかり伝えることができるなど、電話にしかないメリットもある。でも、使い分けは大事。そうしたところにも、成功者と凡人の差が出る。

WORD,34

休日は休む日ではなく、周囲に差を付ける日。

世の中って本当に不平等だと思う。お金持ちの家に生まれる人もいれば、両親のいない人もいる。生まれつき病気の人も、障がいを持っている人もいる。

でも、**そんな不平等な世の中で唯一平等に与えられたものがある。それが時間だ。**

時間の使い方のセンスで結果に差が出てくる。ボクシングの世界チャンピオン・メイウェザーはこう言った。

#2

春木開の「仕事」

お前らが休んでいるとき、俺は練習している。

お前らが寝ているとき、俺は練習している。

お前らが練習しているときは、当然俺も練習している。


僕は常に成長したいと考えている。だからこそ一日一日の時間の使い方はすごく大事だ。何もしない時間なんて考えられない。自分が休んでいるときに誰かが頑張っていると考えると、逆に疲れてしまう。僕にとって休日は休む日ではなく、周囲に差を付ける日だ。


経営者は結果が出れば、何をしていてもすべてが仕事の時間。逆に結果が出なければどれだけ頑張っていても仕事をしているとは言えない。

「休みの日あるの？」「無理しちゃダメだよ」とよく言われるけれど、「いま無理しなくていつするんだよ」って突っぱねていた。そうしているうちに、**無理が日常になって、自覚がなくなった。**

仕事とプライベートの境界はグラデーション。オンオフの概念《がいねん》なんていらない。

WORD,35

ナンバーワンよりオンリーワン？ いや、僕はナンバーワンかつオンリーワン。

新しい刺激を受けるために、月に1回は海外旅行に行くことをノルマにしている。いろいろな価値観を知りたくて、なるべくたくさんの国に行くようにしているけれど、ドバイにだけは7回も行っている。この国には、訪れるたびに新しい驚きがある。

30年前まで、ドバイには砂漠しかなかった。でも石油が豊富に採れるからお金に困ることはなかった。とはいえ、石油もいずれは枯渇《こかつ》する。そこで当時の国王は、観光

#2

春木開の「仕事」

事業に目を付けた。世界一高いビル、世界一巨大な噴水、世界一広い水槽を持つ水族館。どんどん「世界一」を作った。「ドバイの世界二」を挙げればキリがない。

これが2番目なら、観光客も来ないはずだ。よく言われることだけれど、**2番では人に覚えてもらえない**。「世界一高い山は?」と聞かれれば、誰でも「エベレスト」と答える。でも「じゃあ2番目は?」となると答えられる人は少ない。日本で2番目に高い山は何という山でしょう。

僕もいちばんであることにこだわり続けたい。収入でなくてもいい。「経営者としていちばん派手」ということでも、「日本一の男性インフルエンサー」としてでも、人に覚えてもらえる。

小さなことからでもいいと思う。連絡が早い。報連相がマメ。あいさつが気持ちいい。**どこでもいいから、まずはいちばんを取る**。そこから別の仕事と掛け算をしてサイズアップしていくんだ。

ナンバーワンよりオンリーワン? そんなのただの言い訳。

ナンバーワンかつオンリーワンを目指そう。

WORD,36

リスクを取れない人生のほうがリスク。

「挑戦したいけど不安です」

「一歩踏み出せません」

よく相談される。

厳しいことを言うようだけれど、**若いときにリスクを嫌う人は、その時点で何者かになることはできない。**知識が豊富で学歴がある人より、リスクを取って行動できる

#2
春木開の「仕事」

人が成功するということは、破壊的な真理。

「若い」。それだけで価値だ。失敗しても何度でもやり直すことができる。若いうちにどれだけ多くの失敗ができるかは大切。**若いうちに流さなかった汗は、年老いて涙に変わる。**

最もリスクを取れる大切な時期にリスクを追えない人に、未来はない。サラリーマンの人からもよく相談を受けるけれど、「会社を辞めるなんてリスクだ」と言う人は、「会社を辞めないリスク」も知ってほしい。

ストレスまみれで働くリスク、自分の時間を失うリスク、会社が突然つぶれるリスク、自分で稼ぐ経験を積めないリスク。

これに比べたら、独立や起業なんて大したリスクじゃない。特にいまの世の中は個人が企業と対等な集客力を持つことのできる「起業天国」だ。どちらのほうがリスクが高いか、冷静に考えてみてほしい。

AIにできなくて人間にできること。それはリスクを取ることだ。「No pain, No gain（痛みなくして成功なし）」。これを忘れてはいけない。

WORD,37

死ぬ気の努力の積み重ねが、自分すら想像することのできない未来を切り開く。

夢や目標を持つことは素晴らしいことだとされている。だから、「自分にはなりたいものも、やりたいこともない」と焦《あせ》ってしまう人が多くいる。

僕はいろいろな事業を展開しているから、よく勘違いされるけれど、夢や目標なんてない。ただ目の前の「いま」に全力で取り組んでいるだけだ。そのときそのとき、誰にも負けないように頑張った。その結果、やりたいことがやれるようになった。

#2

春木開の「仕事」

「Will・Can・Must のフレームワーク」というものがある。自分が何をしたいかわからない人のための自己分析方法だ。「やりたいこと・できること・やるべきこと」から自分のキャリアを考えていく。

僕の場合、一般的な解釈《かいしゃく》とは少し違う。**「やるべきこと（Must）」をやっていたら、それが「できること（Can）」になる。「できること」が増えると、「やりたいこと（Will）」が見えてくる。**やりたいことよりやるべきことからだ。やるべきこともできない人間が、やりたいことで結果なんて出せない。

先が見えないことを不安に感じる人もいるけれど、先が見えたら人生つまらない。

僕は1年先にやることも見えていない。1年前は、クリニックをプロデュースすることになるなんて考えもしなかった。この1年でシャンパンのプロデュースもオンラインサロンも始めて、いまはこの本を執筆《しっぴつ》している。**思ってもみなかったことが、どんどん目の前に現れてくる。**

これからも動き続ける。死ぬ気の努力の積み重ねが、自分すら想像することのできない未来を切り開く。

一生懸命頑張っているときに評価されなかったら、どうすればいいですか?

「頑張ってるね」という言葉は人に言われて初めて価値がある。「こんなに頑張っているのに」とか「こんなに努力しているのに」は、自分で言う言葉じゃない。本当に頑張っているなら誰かが必ず認めてくれる。黙って結果を出すのが、**「沈黙の美学」**。

なんでそんなに
頑張れるんですか?
なんでそんなに
自信があるんですか?

ルフィが「おれ海賊王になれるかなぁ」って言っていたら、誰も仲間にならないよね。大勢引っ張って行きたいなら根拠のない自信も必要。

頭がいい人とは、どんな人でしょう?

学ぶ人は何からでも学ぶ。木から落ちるリンゴを見て万有引力を学ぶ人もいれば、ボケーッと見ているだけの人もいる。学べない人は教えてくれないと嘆き、学ぶ人は常に学んでいる。頭がいい人と悪い人の違いは、「日常から学べているかどうか」。

Q

キャバ嬢でも彼氏のことを大事にできますか？
お仕事を頑張ることで、傷つけてしまわないでしょうか？

A

自分の仕事を好きになれない人は、自分のことを好きになれない。自分のことを好きになれない人は、人のことも好きになれないし、人からも好かれなくなるよ。

Q

朝と夜、仕事するなら
どちらがいいですか？

A

夜遅くまでやることを仕事だと勘違いしている人が多い。朝から仕事をするほうがはかどる。やりたいことがないなら、早起きしよう。時間があるからできることがだんだんと増えていく。早起きのコツはカーテンを開けて寝ること。だから僕の家にはカーテンがない。

Q

春木さんみたいに
好きなことで生きていきたいです。

A

いいことだけれど、ちょっと危ない。「好きなことで生きる」を勘違いして、「好きなことだけやればいい」と考えてはいけない。好きなことをやるためには99パーセントの「嫌いな仕事」もやらなければいけない。それを忘れなければ、きっとうまくいく。

#3

春木開の「仲間」

WORD,38

人は裏切る。でも信じる。

尊敬している先輩の誕生日パーティー。泥酔《でいすい》した僕は帰り道に路上で寝てしまった。目を覚ますと、時計、靴、財布、全部盗《と》られていた。僕がバカだっただけなのに、先輩は「俺の誕生日パーティーに来たせいでこんなことに」と、申し訳なさそうに謝ってくれた。

その上、いろいろと気に掛けてくれた。新しいクレジットカードが出来るまで、

#3

春木開の「仲間」

「嫉妬《しっと》するから、ほかのヤツには言うなよ」とご飯に連れて行ってくれたり、フランクミュラーの時計を安く売ってくれたり。安いといってもウン百万円はするけれど。尊敬している先輩から引き継いだ時計が嬉しくて、僕は毎日着けていた。それを見た先輩の友だちが、気の毒そうに言った。

「お前その時計、質屋に持って行ってごらん。それ、パチモンだよ。いまだから言うけど、お前を酔わせて金品盗んだのも全部あいつだよ」

大好きだった先輩だからさすがに凹んだけれど、その感情も無駄だと思った。**許せない人はいるけれど、その感情を日々抱くことで自分が腐ってしまう**。許すことで運気が上がるかなって思うようにしている。

こんな経験をしても、僕は人を信じる。信じた限りは見返りを求めない。自分が信じなければ相手も信じてくれない。裏切られても決して相手のせいにしない。それが嫌なら信じない。信じてうまくいくこともあるのに、**裏切られたときだけ嘆くのはダサい**。相手の裏切りに落胆するより、「この人だけは裏切れない」と思わせるように内面を磨く。人を信じずに幸せになった人を僕は知らない。だから僕は信じ続ける。

WORD,39

誰にも嫌われていないのは、誰にも好かれていないのと同じ。

みんな周りの目をとても気にする。しかたないことでもあるとは思うけれど、自分をつくろって、ストレスを抱えている人もいる。

でも、みんなに好かれたがる人は、結局誰のいちばんにもなれない。周りの顔色をうかがってやりたいことを我慢する人より、堂々と自分をさらけ出している人のほうが魅力的。**誰かから猛烈に嫌われる人は、誰かから熱烈に好かれるようにできている。**

#3

春木開の「仲間」

自分が大好きな自分でいることよりも、人に好かれる自分であることを優先する。それを続けていたら苦しくなる。自分を殺して見つけた居場所なんて、最終的に自分を傷つけるだけだ。

豊かな人生を送るためには、みんなに好かれようとしないこと。すべての人に合わせようといい顔して、それで好かれてもしかたない。いつか本当の自分を見せたときに、「変わった」「最初と違う」と嫌われてしまうかもしれない。

だったら最初からありのままの自分でいて、それでも好きになってくれる人と一緒にいたい。**日本人の99パーセントに嫌われたとしても、残りは120万人もいるんだ。**

多数の仮面をかぶるより素で勝負。

人に嫌われることを恐れて生きる人は、他人の人生を生きている。嫌われてもいいと思って生きる人は、自分の人生を生きている。どう死ぬかは選べないけれど、どう生きるかは選べる。**僕らは死ぬときに、やったことよりもやらなかったことを後悔するんだ。**自分の人生を後悔なく生きていこう。

WORD,40

同じ「ありがとうございます」でも、タイミングで価値が変わる。

人間関係でいちばん大切なのは、感謝の気持ち。ビジネスでもプライベートでも恋愛でも、これは同じだと思う。

例えば先輩にお酒をおごってもらったとする。お礼の連絡をするのは当然。そこに何を付加できるかだ。

同じ言葉でも、伝えるタイミングで相手の印象は変わる。同じ事柄でも、自分なり

#3
春木開の「仲間」

により高い価値を付けるのが「ブランディング」だ。


おごった先輩が後輩をどう思うか。

お礼をしてこないヤツは論外。

次の日の夜にLINEが送られてくるなら「いままで寝てたのかなー？」

昼間なら「普通」。特に印象は残らない。

これが朝早くであれば、「昨日遅くまで一緒に飲んでたのに、早く起きてるなー」

と感心する。


細かいことだけれど、徹底できるかどうかで相手の印象は大きく変わる。

ほかにも、時間を守る、報連相をする、あいさつをする。当たり前のことを当たり前にできない人は意外と多い。

特別なことをしなくても、**当たり前のことを当たり前にこなすだけで、大きな差別化になる。**簡単なことだ。お金もかからない。まずはそこから頑張ろう。続けていれば、必ず周囲とは違う存在として見られるようになる。

WORD,41

誰といるかは大事。誰といないかはもっと大事。

人は、良くも悪くも一緒に過ごす人に似てくる。意識の高い人と一緒にいれば、自分の意識も高くなる。愚痴ばかり言う人といれば、自分も愚痴を言うようになる。

尊敬できる、刺激を受ける、仕事や人生の話ができる。僕にとってこれが一緒にいる人の条件。自分でもドライだと思うし、上から目線だと感じるかもしれないけれど、

#3

春木開の「仲間」

一緒にいても学びを得られない人とは付き合う価値がない。
人間関係をそこまで打算的に考えたくない、楽しければいいという人もいるだろう。でも僕は、そんな生産性のない時間は過ごしたくない。

割り切ることは難しいかもしれないけれど、一緒にいる人がどういう人かを考えてみよう。**「悪口を言う人」、「妬《ねた》む人」、「欲しがるばかりの人」。こういう人たちは危険だ。**いますぐ離れよう。

聞いてもいないのに他人の悪口を言う人は、きっとどこかであなたの悪口も言っている。誰かを妬む人はあなたが上に行くほど嫌がらせをしてくる。欲しがるばかりの人は、自分が得することしか考えずに足を引っ張ってくる。

人間関係も整理が必要。必要のない人に目を奪われて大切な人が見つかりにくくなるなんてもったいない。楽しいときや調子のいいときだけ一緒にいるのは、ただの知り合い。**何の見返りも求めず、ただいい影響を与え合って、お互いの成功を祈り合っている。それが本当の友だちだ。**そんな相手、数人いれば十分だろう。

COMMENT

カイは「送りバント」が得意

滝波深介（中学校、高校の同級生・飲食店経営者）

中学生の春木開は、背が小さくて運動もできない、いじられキャラでした。

春木開は成長人間です。中学のときも、いまも、ずっと進化し続けています。会うたびに見た目も発言も増しに増していて、刺激を与えてもらっています。

まるでドラゴンボールの孫悟空のようです。界王拳に始まり、スーパーサイヤ人、スーパーサイヤ人2、3……、終わりが見えません。

もはや春木「改」です。

野球はヘタなカイだけど、実はバントだけは得意でした。いまでは人付き合いのバントもうまくなったようで、時として自分を犠牲にしてでも、人の成長を助けています。人脈を抱え込む人が多い中で、たくさんの人の輪を作っています。

これからもカイには進化を続けてほしいです。でもカイのままで生きてほしいです。いつまでも自慢の友だちでいてほしいです。

COMMENT

カイはみんなを笑顔に変える存在

直昌宏（先輩・外資系保険会社トップセールスマン）

初めて会ったときのことはいまでも覚えている。仲のよかった後輩から、「同級生でやり手がいる」と紹介された。ギラつき感が半端なく、初めて年下にスターのオーラを感じた。

カイはひと言で言うなら「空気が読めないイイヤツ」。

誰とでも笑顔で会話して、相手も笑顔に変える。自然なコミュニケーション能力の高さを持っている。負のオーラを持っている人も、カイと一緒にいることでいつの間にかポジティブになれる。

でも誰よりも努力家だ。自分が話が得意ではないと知っていて、日々研究している。

これからカイには『アベンジャーズ』のようなスーパースター軍団を構築してもらいたい。そして普段日の目を見ない人に、スポットライトを照らすことのできる人になってもらいたい。誰かがカイを否定することがあっても、俺は肯定し続ける。

WORD,42

人と繋がるためには、先に与えること。

これからは能力やお金よりも、人脈が重要になってくる。そのことにはみんな気付いていていて、すごい人と仲よくなりたいという人が多い。

でも、自分よりすごい人が簡単に仲よくしてくれるわけがない。**大切なのは自分が得することではなく、相手のために何ができるかだ。**他人に与えない人はいずれ他人から何ももらえなくなる。欲しがるばかりのヤツは、結局何も持っていないのと同じ。

#3

春木開の「仲間」

自分では何一つ生み出せない。

僕はいつも、相手に何か与えられるものはないかを考える。SNSをチェックして、いま相手が求めているものを調べる。尊敬する経営者との食事券が100万円で売られていたときは、即断で購入した。

メリットがなければ、人と人とは繋がらない。これが真実。でも、みんな先に損することを嫌がる。与えようとせずにもらうことばかり考える。それじゃ絶対にうまくいかない。人に何かを与えられるチャンスがあるなら、どんどん与えよう。お金やモノでなくてもいい。相手が困っていることがあれば、助けてあげる。協力できることがあれば、進んで手伝う。

今回の新型コロナウイルスの大恐慌の中。僕はネガティブな日本のムードを少しでも盛り上げるためにどうすればいいかを考えた。家の中の暮らしを楽しめるように、たくさんの寄付をした。**自分が人に与えたものは、その人からでなくても、世の中全体から自然と返ってくる**と信じている。

WORD,43

感謝を忘れてしまえば、すぐに人は離れていく。

イベントで沖縄に行くことになった。一緒に参加する先輩の分もホテルを予約しておこうと思って、ＬＩＮＥした。

「沖縄のホテル、先輩の分も予約しましょうか」

「はーい」

#3

春木開の「仲間」

「予約しておきましたよ」

「はーい」

「はーい」じゃねえだろ！「ありがとう」だろ！

初めて先輩にブチ切れた。

ある程度うまくいくようになると、周りからチヤホヤされる。たくさんの人が力を貸してくれるようになる。そうして**人に何かをしてもらえることが当たり前になってしまう。**

ありがとうが言えない人間関係は必ず滅びる。感謝の気持ちを忘れたヤツのもとから、人が離れていくのは早い。そうして消えていく人間をたくさん見てきた。

どんなビジネスもひとりではできない。多くの人の支えによって成り立つものだ。支えてくれる人たちに感謝することを忘れてはいけない。**小さなことでも、何かをしてもらったのであればお礼を言おう。**当たり前のことだけれど、忘れがちだ。

WORD,44

部下は自分の姿を映す鏡。

リーダーにとって、部下に対する悩みは尽きない。単純に仕事ができる、できないということだけじゃない。みんなそれぞれ感情や考え方を持つ人間だ。マネジメントがうまくいかないことはたくさんある。

そうしたとき、部下のせいにしても何も変わらない。考えられないようなミスを部下がしたとしても、「なんでできないんだよ」と責めてはいけない。

#3

春木開の「仲間」

どんなことでも、自分以外の何かのせいにしない信念が大切。

部下の失敗は自分が悪い。部下が辞めても自分が悪い。部下にだまされても自分が悪い。金を持って飛ばれたとしても、自分が悪い。

何があっても自分が悪いと思うことで、人は逃げなくなる。逃げない人間は素直に人の話を聞くし、反省改善もする。だから成長できる。

そして逃げない人間には人が集まる。**この人であればついて行っても安心だと思ってもらえる。それが理想のリーダーの姿**だと思う。

本当に優秀なリーダーは、言葉ではなく背中で人を動かすことができる。

部下を責めるのではなく、自分を責めなければいけない。**部下が思い通りに動いてくれないのは、自分がたるんでいるから**。部下が楽しそうに仕事をしていないのは、自分がその仕事を楽しんでいないから。自分が成長すれば、部下は確実に成長してくれる。

部下は自分の姿を映す鏡なんだ。

WORD,45

人を紹介してもらったら必ず経緯を報告する。ジャンプはしない。

ビジネスパートナーを探していて、知り合いのAさんから、Bさんを紹介してもらったとする。Bさんとのビジネスがうまくいって、今度は直接Bさんに仕事をお願いする。

このときに**絶対に忘れてはいけないのが、Aさんへの報告と感謝だ**。Aさんがいなければ Bさんとは出会えなかった。まずはその感謝を伝えて、経過を報告する。Bさんとのビジネスがうまくいったのは、Aさんのおかげ。またBさんとビジネスをするにしても、Aさんに無断でジャンプしては筋が通らない。

あるいは、BさんからCさん、CさんからDさんと繋がっていくこともある。この場合も、Aさんへの感謝は忘れてはいけない。

#3
春木開の「仲間」

僕が紹介した人間同士で勝手にビジネスを進めてしまうケースがある。順調に進んでいればまだいいけれど、トラブルが起こることもある。問題の収拾が付かなくなってから初めて、「開さん、助けてください」と言ってくるヤツもいる。それは順番が違うんじゃないかな。怒りはしないけれど、そういう相手に対する信用は一気に失われる。それを反面教師にしている。


これはビジネスに限らず人間関係の基本だと思う。気にしない人もいるけれど、信頼関係が崩れてしまうことにもなり得る。

人望がある人ほど報告と感謝を欠かしていない。

これを忘れた人間は、気付いたらいなくなっている。

WORD,46

報告と感謝はマメ過ぎるくらいでちょうどいい。

「報連相」という言葉がある。報告、連絡、相談はちゃんとしましょうということ。みんな聞いたことがあると思う。社会人の基本だ。

でも、これをできていない人が意外と多い。簡単なことを徹底するだけでも周りに差を付けられるのに、もったいないないと思う。

#3

春木開の「仲間」

お世話になっている先輩が、僕の経営しているバーに突然来てくれたことがあった。タイミングが悪く、僕はそのときお店にいなかった。

対応したスタッフは、そのお客さんが僕の大切な先輩だと知っていた。なのに、来てくれたことを僕に報告しなかった。

後日、先輩に会ったとき「こないだ店に行ったよ」と言われた。最悪だ。顔がつぶれるとはこういうことだ。

僕はスタッフをめちゃくちゃ叱った。電話でもＬＩＮＥでもいい。**ひと言「〇〇さんがいらっしゃいました」と伝えてくれれば、そのときにサービスできる。**忙しくて報告する時間がなかったとしても、せめてその日のうちに教えてくれれば、すぐにお礼の連絡ができる。先輩からも、「ちゃんと従業員を教育できてるんだな」と思ってもらえる。

信用される人は、「ひと言」を大事にする。ひと言で信用は生まれ、ひと言でトラブルが回避される。報告と感謝はマメ過ぎるくらいがちょうどいい。**僕が一緒に仕事しようと思う人の第一条件は、連絡とレスが早いこと。**これができないヤツは、仕事もできない。

WORD,47

ビジネスで手に入れたいちばんの宝物は、かけがえのない仲間。

ビジネスを通して得られる大切なもの。それはお金じゃない。会社でもない。肩書でもない。仲間だ。

起業する人の多くは、お金を追い求める。僕もお金がすべてだとは思っていなかったけれど、求めていたのはお金だった。でも、お金欲しさに始めたビジネスを頑張っていると、**お金を手に入れる前に、自分が本当に欲しいものが何かがわかった。**

#3
春木開の「仲間」

僕は昔から漫画をよく読む。中でも好きなのが『HUNTER×HUNTER』。ハンターとして世界中を巡る主人公の父親が、久しぶりに会った主人公に、こう語り掛ける場面がある。

「念願《ねんがん》かなって王墓《おうぼ》の中《なか》に足《あし》を踏《ふ》み入《い》れた時《とき》　オレが一番嬉《いちばんうれ》しかったのは　ずっと願《ねが》ってた王墓《おうぼ》の『真実《しんじつ》』を目《ま》の当《あ》たりにした事《こと》じゃなく　いっしょに中《なか》へ入《はい》った連中《そいつら》と顔《かお》を見合《みあ》わせて握手《あくしゅ》した瞬間《しゅんかん》だった」

「そいつらは今《いま》も無償《むしょう》で役員《やくいん》をしながらオレに生《い》きた情報《じょうほう》をくれる　この連中《れんちゅう》と比《くら》べたら王墓《おうぼ》の『真実《しんじつ》』はただのおまけさ　大切《たいせつ》なものは　ほしいものより先《さき》に来《き》た」

『HUNTER×HUNTER 32巻』(冨樫義博・集英社)

世の中には、ひとりで大きく稼げる職業もある。でもそれは僕には合わない。多くの人を巻き込んだビジネスをしたい。成功したときの達成感を、みんなで味わう。そのことが何にも代えがたい喜びだと知っているから。

人に嫉妬しやすい僕に
喝を入れてください!

嫉妬するくらいなら素直に尊敬しよう。嫉妬の先には何もない。男なら、妬むより妬まれる生き方を。

人におごることはありますか?

めちゃくちゃある。おごりたがる男は出世して、おごりたがらない男は出世しないのが、真理of真理。

どうやったら人に好かれたり
信用されたりしますか?

人に好かれたいのなら、まずは自分が人を好きになる。人に信頼されたいのなら、まずは自分が信じる。幸せになりたいのなら、人を幸せにする。

信用していた人にだまされて辛いです。

人にだまされる経験は、人をだまさないための勉強。人に傷つけられた経験は、人を傷つけないための勉強。優しい人は悲しみも知っている。雨が降らないと、虹は架《か》からない。

Q
陰口を言われてるってわかったとき、開くんならどーする？　もう爆発しそう！

A
僕のいないところで僕のことを話題にしてくれるなんて、みんな僕のこと好き過ぎ！　僕も爆発しそうなくらい幸せ！

Q
前の店のキャストがお客様に噂を流して営業妨害を受けています。カイさんならどうしますか？

A
噂でなびく信頼関係なんて、もともとないに等しい。自分の信頼を高めるだけ。僕は自分で見たものしか信じない。真実を知らないのに誰かの噂をペラペラ話せば、全部自分に返ってくると思っている。

Q
強い人ってどんな人だと思いますか？

A
弱い者ほど相手を許すことができない。「許す」というのは強さの証。結局、「許す力」を持っている人の所に人は集まる。いつも怒っている人の所には誰も近づかない。

#4

春木開の「恋愛」

WORD,48

空を見上げてごらん。同じ青空の下で繋がっている。

SNSがこれだけ浸透していても、遠距離恋愛は無理だという人は多い。そもそも遠距離恋愛ってどこからなのだろうか。

僕の初恋は岡山県とオーストラリアの遠距離恋愛だった。

初めて彼女ができたのは、中学2年生の頃。同じクラスのEちゃんと付き合い始めた。順調に付き合っているつもりだったけれど、卒業前に突然別れを切り出された。

#4

春木開の「恋愛」

理由を聞くと、彼女がオーストラリアの高校に留学するからだという。

「環境も変わるし、距離もあるし、別れることがお互いのためだと思う」

僕は、彼女の目を見つめて答えた。

「いやいや、Eちゃん。空を見上げてごらん。僕たちはこの同じ青空の下で繋がっている。どれだけ離れても大丈夫だよ。**会えない時間が愛を育《はぐく》むんだ**」

愛が距離に負けるなんて信じたくなかった。


当時はLINEなんてない。国際電話で長い時間話すようなお金もない。1週間ごとにエアメールでお互いの近況報告をしていた。

僕からは、先生に「髪の毛を暗くするまで学校に来るな」と言われた話。コンビニでバイトを始めた話。彼女からの手紙には、オーストラリアの街の様子や、グローバルな彼女とその友だちの写真が入っていた。

でも、そうしたやり取りが数カ月続いた後、僕たちは別れることになる。彼女が正しかった。**同じ空の下で繋がっていても、距離が離れれば心も離れてしまうみたいだ。**

僕の考え方は、甘かった。会えるってやっぱり強い。

WORD,49

恋愛は一にも二にも自信。

小学校から高校まで同じ学校だった、学校一のイケメン〝さっさん〟。修学旅行で東京の街を歩けば芸能事務所にスカウトをされる市原隼人《はやと》似の彼は、高校生になっても彼女ができたことがなかった。もちろん童貞だった（僕も18歳まで童貞）。

そんな彼に彼女を作るプロジェクトを立ち上げた。高校に入ってすぐ、僕がまだオーストラリアのEちゃんと付き合っていた頃だ。

#4

春木開の「恋愛」

相手にふさわしいのは、学年一の美女〝のんピー〟だ。僕は2人のキューピッドになろうと、のんピーにお願いした。

「初めまして。佐々木君（さっさん）が君のこと気になってるみたいだから、よかったら電話番号を教えてあげてくれない？」

2人の電話の後、さっさんにどうだったか聞くと「緊張して全然話せなかった」と。のんピーは「あの人全然面白くない」と脈なし。それでも仲を取り持とうとして、しばらくの間2人とやりとりを繰り返した。そこで僕はすごいことに気付いてしまう。

「俺、のんピーのこと好きだ。のんピーも俺のことを好きかもしれない」

どうしよう。さっさんになんて言おう。でも、ここまで来たらしかたない。

「どうやら俺はのんピーのことを好きになった。そしてあの子も多分俺を好きだ。どう考えてもさっさんには脈がない。申し訳ないが、俺とのんピーが付き合う未来がもう目の前に訪れている」

そうしてさっさんと大ゲンカをして（もちろん仲直りはしたよ）、のんピーに告白。

僕はオーストラリアの彼女と別れ、学年一の美女と付き合うことになりました。

WORD,50

僕はもう消えている。

のんピーと一緒にいる時間が長くなるほどに、どんどん好きになっていった。

僕の18歳の誕生日、「プレゼントに何が欲しい?」の質問に「初体験」と答え、初夜を過ごしたのがいまでは恥ずかし過ぎる。

僕は初めて出会った日や記念日には愛情を込めたメールを送るようにしていた。付き合って2年の記念日の前日。24時ジャストに送ろうとしたら同時に電話が鳴った。

#4

春木開の「恋愛」

のんピーだ。

「ははーん(照)。のんピー俺のことめっちゃ好きだな」って思ったら違った。

「今日で別れよう」

理由を聞いても「胸に手を当てて聞いてみて」としか言われず、一方的に切られた。そこから着信拒否。メールアドレスも変わっていて、彼女の友人に伝えると「アドレス"I am freedom"って変更来てたけど、別れたの?」って。フリーダム……「私は自由です」。束縛《そくばく》の「そ」の字もしたつもりはない。僕には衝撃だった。


しかし春木開はあきらめません。

翌日、隣のクラスにいるのんピーに声を掛ける。でも無視。目を合わせてすらくれない。彼女の友人とは普通に会話している。どうやら彼女は人を自分の世界から消すことができる、悪魔の実の能力者であった。

体育の時間、バスケットボールで同じチームになった**彼女にパスをしたら、見事にスルーされた。**そのときに確信した。

「僕はもう消えている」

WORD,51

失ったものばかり数えるのはやめよう。
これからたくさんの素敵なものと出会えるはず。

しばらくはのんピーのことを思い出すたびに胸が締め付けられた。

EXILEの『運命のヒト』を聴きながら、

「君以外の　他の誰かをまだ　好きになれずにいる　こわれそうで」

本当に壊れそうだった。

#4

春木開の「恋愛」

L'Arc-en-Cielの『HEAVEN'S DRIVE』を聴きながら、

「壊れそうなスピードあげて連れ去ってくれ」

連れ去ってほしいと何度も願った。


大学に入学しても彼女のことを忘れられずにいた。**もう二度と恋はできない。彼女以上の子なんていない。**本気でそう思っていた。


まだまだ傷は癒えない大学1年生の夏休み。島根県の自動車教習所の免許合宿に参加した。**そこにいました。のんピーを忘れさせてくれる女の子が。**

出会って3日で付き合うことになった。免許を取りに行ったのに、彼女を連れて帰ってきたわけで。


失ったものばかり数えるのはやめよう。これからたくさんの素敵なものと出会えるはず。仕事も恋愛もタイミングが大事。不満がある人はタイミングが来ていないだけ。

いつか来るそのときを迎える準備をしよう。

WORD,52

美人の隣に座れるのは、美人に告白した男だけ。

モテる男はとにかく自信がある。容姿・金・地位・学歴ではない。一にも二にも自信。美人の隣に座れるのはイケメンでもお金持ちでもない。自信を持って美人に告白した人だ。

恋愛は野球に例えるとわかりやすい。

#4

春木開の「恋愛」

ホームランを打ちたかったら、バットを振らなければいけない。**バットを振らない人間が塁《るい》に出られるわけがない。**

美人と付き合いたかったら、まずは告白しなければいけない。告白すらしないであきらめてはいけない。まずは振ってみる。空振り三振でもＯＫ。次に繋がる。告白してフラれたとしても、その失敗から学んでもう一度アタックすればいい。フルスイングしたら振り逃げできることもある。見逃し三振だけはしてはいけない。

三振どころか、打席に立つことすらしない人もいる。

恋愛も野球と同じで継続する努力が大切。１日だけ素振りしても、翌日から打てるようにはならない。毎日１００回の素振りを継続することが大切だ。

恋愛も量をこなさないとつかめないポイントがある。初めからうまくいくことを期待してはいけない。一生に一度の大告白をするより、毎日「好きだよ」「ありがとう」の気持ちを伝えるほうが可能性は高くなる。

あきらめずに挑戦を続けていれば、いつかはうまくいく。**恋愛では、何回空振りをしてもアウトになることはない**んだから。

WORD,53

「押してダメなら引いてみろ」というけれど、押してダメなら押し倒せ。

僕は女性にアプローチしてダメでも、めげずに何度もチャレンジする。その姿を見た後輩に、「試合終了してるのにひとりでグラウンドに残ってるようなもんですよ」と笑われたこともある。

でも、仕事でも恋愛でも人生でも、僕はあきらめたくない。

#4
春木開の「恋愛」

「そんなに断られて情けなくない？」って言う人もいるけれど、そんなのどうでもいい。最終的な結果がすべてだ。**誰もが無理だろうと思っていた女性を射止めたら、もう誰も笑わなくなる。**

フラれてもあきらめずにチャレンジし続けているうちは、結果は出ていない。**どこかでやめてしまうから「ダメだった」という結果になるだけだ。**それならOKをもらうまで攻め続ければいい。

最近は「草食系男子」も多い。自分から連絡先を聞かない、デートにも誘わない、基本受け身なタイプ。それで女性のほうからアプローチしてくれればまだいいけれど、そんなの待っていてもどうしようもない。

僕は思いっきり「ロールキャベツ系」。きちんと守りを固めつつ、攻めることが大切。攻撃こそが最大の防御だ。攻めないと試合で点は取れない。

押しに弱い女性は男が思っている以上に多い。

一度押してダメだったからといって、引くのは一般の男。

世間では「押してダメなら引いてみろ」というけれど、押してダメなら押し倒せ。

WORD,54

女性も口説けないような男は、仕事もできない。

恋愛はビジネスの邪魔になるのでは、と思う人がいるかもしれない。仕事で忙しいのに、恋愛にパワーを使っている場合じゃないだろうと言われるかもしれない。

でも、**恋愛とビジネスは密接にリンクしている。**

モテる男は相手が喜ぶことを先読みできる。女性といい関係を築こうと思ったら、

#4

春木開の「恋愛」

マメに連絡を取ったり、相手の欲していることを考えたりしなければいけない。

その技術はビジネスでも生かせる。報告がマメな人間は仕事でも信頼してもらえる。相手の求めていることを先読みすれば、商談もスムーズにいく。

ビジネスを拡大していこうとするなら、百戦錬磨《れんま》の経営者と議論しなければならない場面もある。**女性を落とすのにも手こずっているようなら、ビジネスで成功することなんてできない。**

ほかにも、安心と刺激のバランス。

女性に対して安心ばかり与えていたら、関係もマンネリ化して浮気される。反対に刺激ばかり与え過ぎたら、不安になってフラれてしまう。

従業員に対しても同じ。優しい上司は好かれるかもしれないけれど、ぬるま湯の環境では部下はマジメに働いてくれない。逆に厳しくし過ぎたら、すぐに辞めてしまう。

恋愛がうまくなればなるほど、ビジネスもうまくいく。だからお金持ちはモテるのかもしれない。

WORD,55

女性からアプローチされて付き合ったことは、一度もない。

恋愛は僕の原動力の一つだ。

僕にとって、恋愛は試合。自分に興味のない女性に振り向いてもらうために努力する。初めから勝つことがわかっている出来レースに興味はない。

「年下はムリなんだよね」なんて言う女性がいると、なんとかして落とそうと思う。年齢だけで可能性をつぶされる男子代表として、**どれだけ生きたかより、どう生きた**

かを伝えたい。そのために、もっと自分磨きをしようと思う。
自分のステージが上がることで、以前は相手にされなかった女性と付き合えたり、「うわ、この子かわいいな」と思っていた雑誌の中の女性とデートしたりできるようになる。**自分が進化していることを実感できる。**

#4

春木開の「恋愛」

ここに恋愛の醍醐味《だいごみ》がある。

僕の恋愛は、常に先攻。女性からアプローチされて付き合ったことは、一度もない。こんなことを言ったら怒られるけれど、言い寄ってくる女性は、誰にでも同じことを言っているのかなと思ってしまう。

それに、僕はエルメスと一緒で安売りしない。どれだけ美人でも、誰とでもエッチするような女性には興味がない。時として自分の価値まで下げるからだ。

自分のことを好きでいてくれる人を素直に受け止めることができたら、どれだけ楽だろうと思いつつも、自分のことを好きではない人を追い掛けてしまう。

気付いたら追い越していることもある。そうしたら振り向かずに、もっと前にいる女性を追い掛ければいい。

COMMENT

カイくんは人を笑顔に変える天才

元カノ

いつもニコニコしていてかわいいカイくん。たくさんの楽しい思い出をくれました。

遠距離恋愛で、会える時間は限られていたけど、毎日マメに連絡をくれた。エスコートも完璧だし、サプライズも忘れない。

まだ付き合う前の私の誕生日。みんなでBBQしよーって集まって、食べ終わった頃に大きなケーキを抱えたカイくんが登場した。ケーキの上にカイくんからのメッセージが書かれていて、まさか自分の誕生日をお祝いしてくれるなんて思ってなかったから、本当にビックリした。めっちゃ嬉しくて感動した!!

いつも仕事のことを考えていて、会っているときも、片時もスマホを手放さなかった。私は「スマホ依存症だよ」って注意してた。

でもアナログなところもあって、付き合ってからの誕生日にはプレゼントと一緒に手書きのラブレターをくれた。汚い字だったけど。頑張って書いたんだな、かわいいところあるじゃんって思った。

見た目も振る舞いもチャラそうだけど、中身は本当にしっかりしていて、適当なことは言わない。それに嘘がつけない正直者（嘘をつくのが下手すぎてわかりやすい。笑）。それも魅力的でした。

うまくいかないこともあって、ケンカもした。でもいま振り返ってみると、カイくんは最初から最後まで変わらずたくさんの愛情を注いでくれたね。付き合い初めに言ってくれた「たくさん思い出を作っていこう」っていう言葉に嘘はなかったよ!!

楽しいことばかりが浮かんでくるくらい、たくさんの思い出を作ってくれてありがとう♡　１００点満点の彼氏でした!!

カイくん。

カイくんのことを心から応援していて、信頼していて、どんな状況でも冷静で、ちゃんと見守ってくれるような素敵な女性と幸せになってください。

WORD,56

「彼氏いるの？」は最悪の質問。「最後にエッチしたのいつ？」はただのバカ。

男女の飲み会で、必ずと言っていいほど出てくる質問がある。

「彼氏いるの？」

こんなことを聞く男はモテない。

目の前の女性を守ってあげるのが男の使命。目の前の女性を悪者にしないのがモテ

#4

春木開の「恋愛」

る男の条件だ。

彼氏のいる女性でも、それを隠したいと考えている可能性もある。飲み会に参加する理由なんて人それぞれだ。そこに出会いを求めているとも限らない。そんな女性に「彼氏いるの？」と聞いて、「いない」と嘘をつかせる。**女性を悪者にしてしまう可能性がある質問は絶対にNGだ。**

それに、そもそもこんな質問をするヤツは、もし女性が正直に「いる」って言ったら、「いるのかよー」「なんでこんな所に来るんだよ」って言うんだろ。どうすればいいんだ。

少なくともその時間は自分と同じ場所にいてくれようとしているのだから、野暮《やぼ》なことを聞いてはいけない。**どうしても知りたかったら、質問するのではなく、察するのがマナー。**

そして最悪の質問がもう一つ。

「最後にエッチしたのいつ？」

もう、バカでしかない。なんでお前に教えないといけないいんだ。

WORD,57

彼氏持ちの女性のライバルはたった1人。

女性に彼氏がいるのか自分から聞いておいて、彼氏がいるとわかればショックを受けるヤツがいる。マジでその気持ちがわからない。ゴールキーパーがいたらシュートを打たないのだろうか。

その女性が結婚しているなら、まだわかる。でも**彼氏がいたところで何が変わるのか**。自分が惹《ひ》かれるようなステキな女性には、彼氏がいて当たり前だ。もしくは、魅

#4

春木開の「恋愛」

力的な女の子がたまたま彼氏と別れた直後で、たまたま自分の前にいるとでも思っているのだろうか。そんなの、奇跡でしかない。

彼氏がいる女性と出会ったときこそ「チャンスだ！」と考えなければいけない。彼氏がいる女性なら、ライバルは彼氏1人だけ。彼氏がいない女性なら、ライバルは世界中の男になる。確率的にも、どっちの成功率が高いかは明白。

365日24時間仲よく一緒にいて、ずっとケンカしないカップルなんてそうそういない。チャンスを待ちながらジャブを打ち続ける。大した用事でなくてもいいから、「おはよう」「おやすみ」ってマメにLINEを送って、自分の存在を相手に知らせ続ける。そうすることで、**相手にとって自分がいることが日常になる。**彼氏とケンカしたとき、まず相談するのは誰か。そのポジションを取っておくんだ。

口説こうとしてはいけない。とにかく居心地のいい存在でい続ける。小さなジャブの連続から、いざそのときが来たら渾身《こんしん》のストレート。

恋愛は間合いが大事。距離感だけは間違えるな。

WORD,58

どれだけ苦しくても、貧しくても、女性との食事代は払え。

「女性とご飯に行ったとき、割り勘じゃダメですか？」

これもよくある質問だ。

いまは男女平等の時代。女性の権利を守るということは、女性ばかりが得をすればいい、ということではない。女性が男性と同じだけの権利を求めるならば、男性と同じだけの義務を果たさなければいけない、という考え方もある。

#4

春木開の「恋愛」

いまはそこら辺の男よりよっぽど収入の高い女性もいるし、自立した生活を大事にする女性もいる。中には、「おごられるのなんて絶対にイヤ！」と割り勘を譲らない女性もいる。

一方で、男だからといって、十分な稼ぎがあるとは限らない。「なんで毎回お金を出さなきゃいけないんだよ」という気持ちは、わからなくもない。

でも**僕は、一緒にいる女性に財布を開かせたことは一度もない**。お金持ちになってからじゃなくて、昔から徹底している。恋人に限らない。男女が一緒にご飯を食べたなら、すべて男が払うべきだと思っている。

昔、母が教えてくれた。

「女性はあなたとデートをするために、服を買う、美容室にも行く、エステや化粧品にもお金をかける。**女性は必然的に男よりもお金がかかるのよ**。食事代くらい男が払わなくてどうするの。どれだけ苦しくても、全部自分で払いなさい」

いま思い出しても納得の言葉だと思う。

WORD,59

時には優しい嘘が誰かを救うこともある。

昔の話。大学受験前日に知らない番号から着信。出てみると、のんピーだった。

「開くん明日受験でしょ。みんな開くんが合格するわけなんてないって言ってるよ」

何の嫌がらせかと思ったその直後、「大丈夫だよ。あなたはやればできるから」。心変わりの説明もしてくれなかった彼女が、僕の背中を押す言葉をくれた。

「ありがとう。のんピーはどこの大学に行くの？」

#4

春木開の「恋愛」

「私は東京の音大。離れ離れになっちゃうね」

結果、僕は奇跡の合格。先生たちも喜んでくれた。でも、おかしなことを言われた。

「よかったな春木、彼女と近くの大学で」

「え？　なんで？　彼女は東京ですよね？」

「何言ってるんだ。神戸だよ。お前の大学のすぐ近くだ」

その夜、彼女に電話した。「俺！　大学受かったよ!!」

「でしょ。大丈夫って言ったじゃない。あなたはやればできる子だから」（誰目線？）

「のんピー。東京じゃなくて神戸の大学に行くの？　先生に聞いたよ」

沈黙。実際には数秒だったと思うけれど、すごく長く感じた。

「**もし私が近くにいるって知ったら、あなたは私のことをずっと好きでいるでしょ？**

私はあなたに新しい人と素敵な恋愛をしてほしい。だから嘘をついたの」

女性に嘘をつかせる男は最低だ。恥ずかしくて、情けなかった。彼女のためにも前を向こうと誓った。彼女への感謝の気持ちは、いまでも僕の胸に刻まれている。あれから10年以上。いまでも元気かな。幸せな日々を過ごしていてほしいと心から願う。

WORD,60

ただ一緒にいることができるという幸せ。

この原稿を書いているいま、世の中は新型コロナウイルスで大騒ぎになっている。外出は自粛。不要不急の用で外に出てはいけない。

恋愛は不要不急なのだろう。僕たちは、好きな人と、好きなときに、好きな場所を歩くことさえ、自由にできなくなった。

会いたい人がいる。相手も会いたいと思ってくれている。でも会えない。とても悲

#4

春木開の「恋愛」

しくて、苦しいことだ。もしも叶うなら、いますぐに昔の世の中が戻ってきてほしい。

そのためになら、いくらでもお金を払うという人もいるだろう。


数カ月前の僕らは、その権利を持っていた。

そして同時に、そのありがたさ、貴重さをすっかり忘れていた。

大切な人と一緒にいることができる。それがどんなに幸せなことかを考えることもなく、「倦怠期《けんたいき》に入ってきた」「最近どこにも連れて行ってくれない」なんて口にしていたかもしれない。


僕たちはいま、失ったものを実感することで初めて、「そこに素晴らしいものがあった」ということを思い出したはず。

コロナが収束したら当たり前の幸せを噛みしめよう。

幸せは見つけるものじゃない。気付くものだ。

好きな人に会える。一緒にいることができる。

それって本当に尊いことだ。

異性の友だちと、恋人の違いって何ですか？

理由がないと会わないのが「知り合い」。
理由がなくても会うのが「友だち」。
理由を作ってでも会いたいのが「好きな人」。

付き合い始めたら毎日電話やLINEする派ですか？

「する」とか「しない」じゃなくて、してしまうよね。好きだからしていたことが、「してあげる」になったらもう「好き」ではない。

彼氏の携帯を見るのはアリですか？

見られたことも、見たこともない、開けてはいけないパンドラの箱。でももし見られることがあったら、「携帯見たくなるくらい不安にさせてごめんね」って感じる。

好きな人から１週間連絡が返ってきません。

きっと君を好き過ぎて、なんて返そうか考えているだけ！　興味ない人なら連絡が来なくてもどうでもいいだろ？　そのくらい好きな人に出会えたことに感謝しなよ！「辛い」に負ける程度の「好き」なら、最初から好きにならないでね！

Q 彼女の友だちと浮気して、
そっちを選ぶ男の神経が信じられません。

A 彼氏を取られる原因があったことに気付かないほうが、僕には信じられない。 人のせいにするのは簡単。何があっても自分に原因を求める意識が、人を強く成長させる。恋愛も同じだと思う。

Q キャバ嬢と付き合うには?
どうやってプライベートに
持ち込めますか?

A キャバ嬢をキャバ嬢と見ている限りは、自分も客としてしか見られない。僕はキャバクラで働く女の子を、女性としてしか見ていない。

Q 魅力的な男の見極め方とは!?

A 絶対に同性にモテる男を選ぶべき。顔だけがかっこいい男はたくさんいる。お金を持っている男もたくさんいる。その場限りの優しさなんて演技できる。でも同性にモテる男はあまりいない。

Q 周りに素敵な女性がいません。

A 自分の周りには自分と釣り合う人が集まる。周りに魅力的な女性がいなければ、それは自分に魅力がないだけ。いい女性を待つのは三流、いい女性を探すのは二流、自分磨きをしていい女性を引き寄せるのが一流。

#5

春木開の「幸せ」

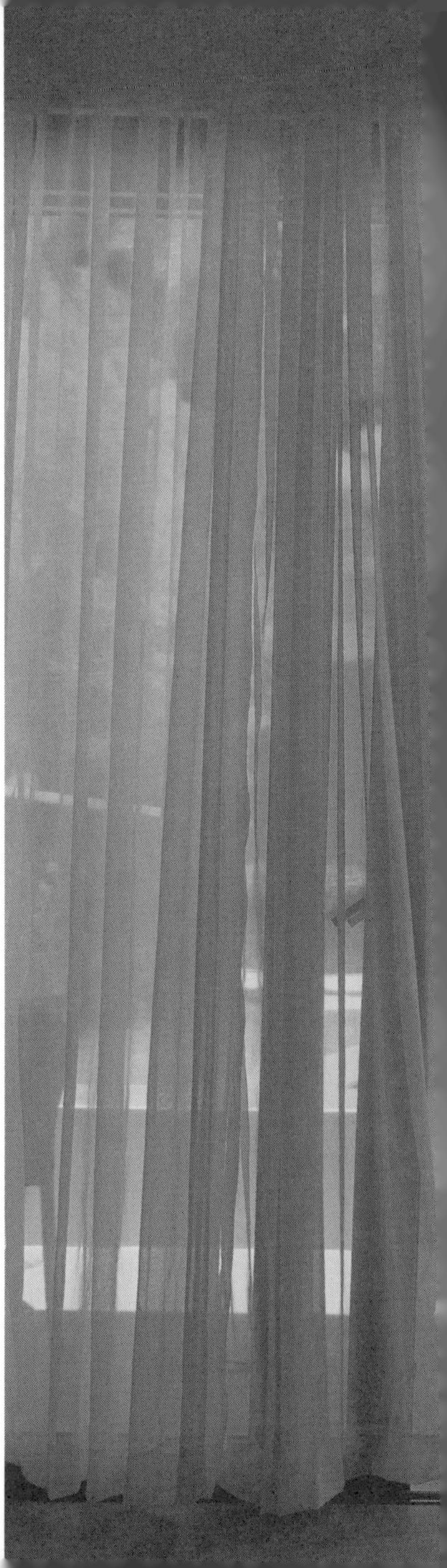

WORD,61

手を伸ばさなければ、つかめるものは何もない。

豊かな人と貧しい人の決定的な差は「行動力」だ。

大事なのはとにかく行動に移すこと。知識はそれほど必要じゃない。座学が3、行動が7くらいでちょうどいい。

9割リサーチしてからでなければ挑戦できないのが凡人。とりあえず始めてみて、試行錯誤《しこうさくご》しながら成功に近づいていくのが、賢人のやり方だ。

#5

春木開の「幸せ」

以前、尊敬する先輩から、「明日ハワイに来れるか？ 会わせたい人がいる。芸能人もいるから、来れるなら来い」と誘われたことがあった。

あいにくスケジュールが埋まっていて、行けたとしても1泊しかできない。ハワイに単身で、それも1泊で行く人間なんてなかなかいないと思う。

でも僕は行くことにした。**誘われたということは、必ず何かのチャンスがある。**もしそれを逃してしまったら、必ず後悔する。そう思うと、断れなかった。

結果として、そこで紹介していただいた芸能人の方と、一緒に仕事をするようになった。後にwhite partyを一緒に主催することになる、CHIKARA Party Kingさんともそこで知り合った。いまでも大事なビジネスパートナーだ。

ほかにも、たくさんの新しい仲間と出会うことができた。多くのビジネスに繋がっている。

動かずに得られるものなんて何もない。

少なくとも、手を伸ばさなければ何も手には入らない。

COMMENT

カイ君はすごい行動力の持ち主

CHIKARA Party King

飲食店経営者。春木開と共同経営でシャンパンをプロデュース。

カイ君と初めて会ったのはハワイ。共通の先輩を通じて知り合いました。第一印象は、全身を流行りもので固めたホストみたいな少年。

僕はそれまで、人の見た目と中身は少なからず一致するものだと思っていました。でもカイ君と出会ってその考えが変わりました。こんな見た目でも、誰よりも強く真面目で勤勉な人がいることに、素直に驚きました。

彼は入念なリサーチや計算ができる人だと思います。闇雲には動きません。初対面の人と会うときは入念な下調べをします。いかに相手を楽しませて、共通の話題で盛り上がれるかを考えています。

そして、すごい行動力の持ち主です。

大抵の男は自分がアプローチした女性が自分に興味を持ってくれなかったら、言い訳を並べて退散します。ところがカイ君は違う。

彼ほど強い執念を持って女性を口説こうとする男を、僕は後にも先にも見たことがありません。僕から見たら絶対に無理なのに、120パーセント好かれていないのに、あの手この手で猛然とアピールして最後には射止めてしまいます。


その型破りなやり方そのままに、常識にとらわれない新しいビジネスモデル、新しいスタイルのトップとしての姿を見せてほしいです。

新しいことを始めようとすれば、批判する人は必ず出てきます。でも、僕たちの近くに、カイ君を認めていない人間はいません。それは誰よりも努力している姿を見ているから、誰よりも仲間を大切にしている人だからです。

WORD,62

テレビは「挑戦をやめた人」が見るもの。

テレビでフェラーリやランボルギーニといった超高級車のCMが流れないのはなぜなのか。

ひと言で言えば、ターゲット層が違うからだ。シビアな話をすると、**テレビのメインターゲットは突き抜けた人間になりたいとは思っていない。**AIや5Gがもたらす未来に胸が躍らない。それらの事柄が耳に入ったとしても他人事。まさか自分が誰か

#5

春木開の「幸せ」

を感動させる人間になるなんて、思ってもいないし、期待してもいない。

つまり、テレビは「挑戦をやめた人」をターゲットにしている。挑戦をやめた人がフェラーリやランボルギーニに乗るわけがない。

そんな人から見ると、夢を追いかけている人の姿は眩《まぶ》しく、目障《めざわ》りでしかたない。どうしても、自分を安心させてくれる存在、つまり自分よりも不幸な人にチャンネルを合わせる。公開処刑されているタレントを見て、グチグチ文句を言いながらも、「この人に比べると、私は、まだマシ」と安心している。

ほとんどの人は自分よりも不幸な人を見て安心したいと考えている。その割合が「視聴率」と表現される。

今後はYouTubeなどで「なんで地上波で放送されないんだろう」というくらい、ためになる発信が多くなってくるはず。新型コロナウイルスに関しても個人のYouTubeの発信がとても伸びている。ニュースはスマホで見ればいいし、ドラマ、バラエティ、音楽もSNSの中から選べばいい。

テレビを見るなとは言わない。でも自分から情報を取りにいくことはとても大切だ。

WORD,63

自分を肯定するために誰かを否定するのは、もうやめよう。

「人の不幸は蜜の味」という言葉がある。誰かが失敗したり、批判されたりするのを見て、安心している人が多くいる。そういう人は成功できないと思う。

僕の知っている成功者に、他人のことを悪く言ったり、蹴落とすようなことをしたりする人はいない。**人格者しかビジネスの世界では生き残れない。**

#5

春木開の「幸せ」

不倫した芸能人はよく叩かれるけど、僕の周りに、「あの俳優最低だな」なんてことを言う人はいない。

じゃあ叩いている人はどこにいるのか。探してみるとツイッターの中にたくさんいた。誰かを批判することで安心を得ようとする人たちだ。

自分の人生がうまくいっていない中で、キラキラした生活を送る人を見て、うらやましいと思う。彼らが何か不祥事を起こせば、「それ見たことか」と異常なまでにバッシングを繰り返す。

ツイッターの中で批判を繰り返す人たちは、成功したり幸せそうにしたりしている人を見て、反射的に否定する癖が付いてしまっている。そうすることが、**自分にとってマイナスになっているとも気付かずに**。

テレビの中の芸能人に限らず、成功している人を否定すれば、その人から学びを得ることができなくなってしまう。素直に尊敬して真似をしたり教えてもらったりすれば、自分の成長に繋がるかもしれない。否定することで、自分が成功をつかむチャンスを失っている。すごくもったいないことだ。

WORD,64

「いつか」と言っている人に、「いつか」は来ない。

僕はよく従業員に、「どこを目指しているか」を聞く。

もし、ただお金を稼ぐためだけに仕事をしているのであれば、僕もそんなに厳しくは教えない。もっと高みを目指しているのであれば、僕も期待して厳しく指導する。

ただ、口で言っているだけでは望みは叶わない。

#5

春木開の「幸せ」

「やりたい」「行きたい」という願望と、「やります」「行きます」という行動には大きな差がある。**「したい」と言っているうちは何も変わらない。**最近は「オンラインサロンに入りたいです」とか「開さんに会いたいです」と言ってくる人がいる。本当に嬉しいことだけど、なぜ「入ります」「会います」と言わないのかと思う。

本当にそれを叶えたかったらもう行動しているはずだ。僕が映画の中のハリウッドスターだったら、「会いたい」というのもわかる。会おうとしてもどこに行けばいいのかわからないし、わかっても、そのためだけに外国まで行くお金を払うのは躊躇《ちゅうちょ》するだろう。でも、僕に会う方法なんて調べればいくらでもある。実際にSNSにも載せている。

「いつか」と言っている人に、「いつか」は来ない。

「やる」と断言すればやるしかなくなる。「○○したいです」「○○しようと思います」はもうやめよう。口から動くか、足から動くか。**思い立ったときにスタートできない人は、いつまでたってもスタートできない。**

WORD,65

土地の価値は動かなくても上がる。人の価値は動かないと上がらない。

「何をしたらいいかわからない」

たくさんの人が抱える悩みだ。この本を読んでくれている人の中にもいるかもしれない。

申し訳ないけれど、悩みにすらなっていない。動かないからわからないんだ。テレビの前に座っているだけで、やりたいことなんて見つからない。**家と職場を往復して**

#5

春木開の「幸せ」

いるだけの生活では、会う人も固定化される。入ってくる情報も変わらないから、新しい発想は生まれない。

何をしたいかわからないのは、単純に情報量が少ないから。とにかく動いて、たくさんの情報に触れることが大事だ。

いまの時代、新しい情報が欲しければいくらでも集めることができる。オンラインサロンに入ったり、経営者の講演を聴きに行ったり、SNSで気になる人と繋がったり。深く考えなくてもいい。いろいろな場所に行って、新しい情報に触れよう。そうすれば、自分が何をしたいのかも見えてくる。

特に日本には、失敗を恐れて動けない人が多い。失敗しても死ぬわけではない。明日のご飯が食べられなくなるわけでもない。やってみればいいんだ。

失敗しなければ手にできないものもある。傷つくことを恐れないでほしい。失敗のない人生に成功はない。

いまは賢くても動くことのできない人間より、バカでも行動力のある人間が勝つ。

土地と違って、人間の価値はじっと座っていても上がらない。いますぐ動こう。

WORD,66

あきらめることをあきらめた。

講演会をすると、「めっちゃ響きました」「やる気出ました！」と言ってくれる人が多い。この本を読んでくれている人も、「よっしゃ、やってやろう！」という気持ちになってくれると思う。

それはすごく嬉しいことだし、大切なことでもあると思うけれど、「やってやろう！」で終わる人がほとんどだ。**口だけの人が5割。やってみても続けない人が4割。**

#5

春木開の「幸せ」

やり抜く人が1割。そんなもんだ。

だからこそ、やり抜くべき。ぼくはみんなが近道を探している間に、「地道」を歩いてきた。結果を出すには、結果が出るまでやり続ければいい。結果が出ないのは、結果が出る前にやめてしまっているだけの話。**努力は報われないとか、夢は叶わないということじゃない。単純にやり切っていないだけだ。**

途中でやめても、「頑張ったね」と言ってくれる人もいる。でもそこで終わってほしくない。小さくてもいいから結果にこだわってほしい。過程はどうでもいい。一度結果を出せば、大事なことを知ることができる。

夜明け前がいちばん暗いように、結果が出る直前がいちばん辛い。しんどさを乗り越えたところに、本当の達成感がある。

僕には、あきらめるという発想そのものがない。でも一つだけみんなにあきらめてほしいことがある。それは「あきらめること」だ。

COMMENT

カイは口にしたことを必ず実現させる

中川裕貴（大学の同級生）
株式会社BOND代表取締役社長、Suprieve Consulting株式会社取締役。

神戸大学のアメフト部新人歓迎会。誰よりも運動神経が悪いのに、誰よりも楽しんでいる男がいた。それが春木開だ。

学校にはほとんど来ないのに成績は優秀。僕がレポートのタイトルを考えている間に、数千字を書き終える。普段はエッチなことしかアタマにないのに、ここぞというときの集中力とアタマの回転の速さには、いつも驚かされた。

行動力も半端ない。

大学の学園祭で一緒に模擬店を出そうとしたけど、「2人ではダメ」と断られる。

「悔しいからいつか本物の店を出す」

そう言っていた彼は数年後、大阪のミナミにレストランバーをオープンさせる。やらないことは口にしない。口にしたことは何があっても実現させる。想いの強さはマザー・テレサ並みだ。

見た目で勘違いされることも多いが、彼ほど周りを愛し、そして愛されている人はいない。

彼の口から人の悪口やネガティブな話を聞いたことがない。裏表もまったくなく、SNSやYouTubeで見せる姿そのままだ。「この人のために」「この人と一緒に」と思わせる、不思議な魅力を持っている。

これからカイにはサロンをもっと大きくして、たくさんの人にカイの考え方を伝えてほしい。

それと、忙しくて時間がもったいないからかもしれませんが、ご飯の食べ方は人一倍速くて汚いので、もう少しゆっくりきれいに食べるようにしてください。

WORD,67

どんなコンプレックスも、自分にしかないたった一つの個性。

誰だってコンプレックスを持っている。お金持ちも有名人も同じ。100パーセント自分を大好きだという人は、少ないはずだ。見た目なり、性格なり、気に入らない部分が必ずある。

でも、自分の嫌いな所をそのままにして、なるべく目立たせないように生きていく人もいれば、ポジティブに変換できる人もいる。

#5

春木開の「幸せ」

僕は運動神経がめちゃくちゃ悪い。リズム感もゼロ。その上、音痴。あまり楽しいことじゃない。

でも、**見方を変えれば個性とも言える。**僕は運動神経の悪い様子を、あえてSNSに載せる。そうすると面白がってくれる人もいる。同じように運動神経が悪い人から「カイさんのSNSを見ていたら勇気付けられました」と言ってもらえることもある。「運動神経が悪い」という短所が、「みんなを笑顔にできる」という長所に変わる。

マイナスと思っていることも、考え方を変えればプラスにできる。

口下手ではなく「聞き上手」なだけ。頑固ではなく「芯がある」だけ。失敗しているのではなく「経験」しているだけ。理解されないのは「斬新」なだけ。変わっているのではなく「個性的」なだけ。

物事はすべて捉え方次第。自分の嫌いなところを隠しているだけでは、何の得もない。**どうせ変わらない短所なら、うまく利用してやればいい。**何を言われてもポジティブに捉えていれば、人生を楽しく生きることができる。

WORD,68

感情の沸点は高く、融点は低く。

月が欠ければまた満ちる。花が枯れてもいずれ返り咲く。
いいことも、悪いことも、回っていくのだと思う。
僕は感情の起伏《きふく》を持たないということを、すごく大事にしている。
悪いことが起きても凹み過ぎない。超えるべき試練だと考える。なるようになる。

#5

春木開の「幸せ」

落ち込んでいたってしかたない。対応が遅れれば困難はさらに大きくなってしまう。いいことがあっても喜び過ぎてはいけない。いまはよくても、次に何があるかわからない。成功に浸っていれば、足元をすくわれる。

感情の沸点は高く、融点は低く。

なるべく騒がず、怒らず、喜び過ぎず。同時に、悲しまず、落ち込まず。**感情を液体のように、緩《ゆる》やかに流しておく**。常に思い通りにいかないことが起きることを前提にして生きている。そうすることで、目の前の現実に冷静に対処できる。突発的な出来事があっても、判断を間違えることが少ない。

感情的になって、普段は言わないことを口にして相手の怒りを買ったり、普段だったらしないことをして信用を失ったりして、後悔する人がいっぱいいる。

逆に、**相手を感情的にさせてしまえばこっちの勝ち**だとも言える。ビジネスの勝負は、自分をコントロールするところから始まる。感情に振り回されているうちは、成功者にはなれない。

WORD,69

ポジティブとは、常に最悪の状況を想定すること。

僕は時間があれば、「ポジティブになれる格言」をSNSに投稿している。1人でも多くの人の背中を押したり前を向けるきっかけになってくれたりすればいいなと思って始めた。**ポジティブって連鎖するもの**だと思う。

するといつの間にか、〝ポジティブクリエイター〟なんて呼ばれるようになった。それは僕にピッタリな気もして、すごく気に入っている。

#5

春木開の「幸せ」

でも、みんなが考える「ポジティブ」と、僕が考える「ポジティブ」はちょっと違うかもしれない。

ポジティブという言葉には、一般的に「楽観的」「凹まない」「小さいことを気にしない」というイメージがある。そう考えると僕もポジティブで間違いないんだけれど、物事がすべてうまくいくとは考えていない。

僕は最悪の状況をいつも考えている。これから起こる可能性のある、ありとあらゆることを、常に覚悟している。いまこうして本を書いている次の瞬間、会社が傾くような事態が起きるかもしれない。大地震が起きるかもしれない。そのすべてを肯定して、何が起きても対応できるようにしておく。

悪いことが起きたときにめっちゃ凹むヤツは、ただ何も考えていないだけ。思考力ゼロだ。

いいことも、悪いことも、常に何が起こるかわからない。だからすべてに準備しておく。それが本当のポジティブだと思う。

WORD,70

お金なんて、使わなければただの紙。

お金を使わずに貯金している人は、当然お金の使い方がうまくならない。

お金をたくさん使う人ほど、お金の使い方がうまくなる。

大切なのは、お金を稼いだ後、そのお金を「生き金」に変えるか「死に金」に変えるかだ。**貯金で学べることは何もない。**

#5

春木開の「幸せ」

何かを所有することで人は安心するけれど、同時にそれを喪失する恐怖感も生まれる。100万円貯金して、楽しいのは一瞬。翌月からは貯金が減らないようにしなければいけないとしか考えられない。

将来の備えは確かに大事。でも、将来のために節約するあまり、いまが楽しくないなんて、よくよく考えれば本末転倒だ。その日暮らしを勧めるわけではないけれど、うまく使うことが大事だと思う。

お金の価値なんて、時間がたつほどに下がる。物価が上昇しても貯金しているだけではお金は増えない。

それに、**年齢とお金の価値は反比例していく。**20歳の人が100万円を持っていれば、将来のために自己投資できる。それが将来的にもっと大きな収入に繋がっていく。でも80歳の人が100万円持っていても、それを使って人生が大きく変わることはないだろう。

いつかのための貯金より、いまのためにお金を使う。そのほうがよっぽど価値がある。お金をどれだけ稼いでも、使わなければただの紙だ。

WORD,71

お金の無駄遣いなんかより、時間の無駄遣いのほうがもったいない。

お金や土地は、頑張れば増やすことができる。でも、時間という資産だけはどんな人間も増やすことができない。

お金という道具を使って、時間という資産を減らさないようにすることが大切。

成功している人ほどお金を使って移動時間を減らしている。成功者がプライベート

#5

春木開の「幸せ」

ジェットで移動するのは見栄《みえ》のためではなく、時間の資産を減らさないため。従業員を雇用するのは、作業を分担して自分の時間を確保するためだ。

お金で買える時間は買ったほうがいい。僕も大阪の自宅では8年間家政婦さんを雇っている。東京ではホテル生活。掃除に費やす時間があれば、自分に時間を投資したほうが生産性が高いからだ。

時間だけは1秒狂わず、みんな平等。

朝早起きしないで「時間がない」。休日に学びもしないで「給料が低い」。こんなことを言っているヤツは時間の使い方が下手なだけ。

「人生を変えたいけれど変えられない」と言う人は、本当は変えたくないいんだ。結局自ら望んで「現状維持」を選択している。

人生はたった数十年。刹那《せつな》的な時間しか生きられない中で、お金の無駄遣いなんかより、時間の無駄遣いのほうがよっぽどもったいない。

「time is money」?

「time is life」だよ。

WORD,72

人生を変えたければ高級ホテルに泊まれ。

お金持ちになるためにはどうすればいいか。簡単だ。努力を続ければいい。

そうは言っても、ただの理想論だと思う。それができれば苦労しない。自分を変えようと思い立つけれど、いつの間にか気持ちが薄くなって、気が付けば以前のまま。

それが普通だと思う。

自分を変えるのは難しい。だったら環境を変えればいい。**レベルの高い環境に飛び**

込むこと。それが成長のコツ。

人生の大半は付き合う人の質で決まる。人は人により磨かれる。一歩踏み出せないのなら、踏み出している人の近くに行けばいい。その環境に合わせて、自分が変わっていく。

人間関係に限らない。よく聞くのは、若手のお笑い芸人が、あえて高い部屋に住んで自分を追い込むという話。いいことだと思う。**環境を変えれば自然と意識も変わる。**

僕がいま住んでいるのは、大阪でいちばんランクの高いタワーマンション。旅行に行くときも、必ずランクの高いホテルに泊まるようにしている。そこにいるのは、いわゆるステータスの高い人たち。駐車場には高級車がずらり。服やアクセサリーも高級ブランドばかり。すれ違ってもみんな上品。もちろん、サービスや接客の質も高い。

そういう場所では背筋の伸びる気持ちになる。まだまだ頑張らなければいけないと思わせてくれる。

環境が人を作る。そのためにお金を使うのはもったいないことなんかじゃない。

WORD,73

人を見下す人間は、人より上に行けない。下ばっかり見て生きているから。

人間の本質は、自分より立場の低い人への接し方でわかる。

コンビニの店員さんに、偉そうに文句を言う人がいる。タクシーの運転手さんに、怒鳴り付ける人もいる。居酒屋の若いバイトさんを、「おい!」と呼ぶ人がいる。

本当にくだらない人間だと思う。

相手はたまたま逆らえない立場にいるだけ。それを自分が偉いと勘違いしている。

#5
春木開の「幸せ」

ここまで行くと、正直救いようがない。

彼らは、ずっと下ばかり見ている。他人を高い所から見下ろしたつもりで、いい気分になっている。自分より上にいる人たちのほうが多いことに、気付きもしない。見上げることがないからだ。怖いのかもしれない。いや、気付かないふりをしているだけなのかもしれない。

会食で僕ばかりに気を使う相手はあまり信用しない。反対に僕の部下に気を配れる人間を大切にする。人を地位や立場で判断しない人間性。部下の緊張まで察する洞察力も本質だ。

僕の周りの尊敬できる経営者は、本当にみんな腰が低い。僕より年上で、経済的にも、社会的にも、会社の規模的にも、はるかに僕より上なのに、僕にも僕の従業員にも敬語を使う人がいる。

「目線は高く腰は低く」

僕がいちばん大切にしていることだ。

WORD,74

これからは「繋がり」にお金を払うようになる。

これまで僕らは、「所有」のためにお金を使っていた。家を買ったり、車を買ったり。でもいまは、「共有」の時代に移行している。シェアハウスやカーシェアリング。最近は家具や時計、服さえもシェアできるようになっている。

つまり、**他人と同じ価値感を共有する**ということ。これからは「モノ」に対してではなく、同じ価値観の人との「繋がり」にお金を使うようになると思う。

#5

春木開の「幸せ」

今回の新型コロナウイルスの騒動で、マスクを買い占めた人がたくさんいる。僕は必要以上に買わなくてもいいと判断した。マスクを持っている人と繋がっていれば、自然と手に入るだろうという考え方だ。実際にマスクに不自由することはなかったし、困っている人に寄付することもできた。

先日、運転免許の更新期限に気付かず、取り消しになってしまった。不便かなと思ったけれど、普段はタクシー移動だし、車が必要なときも車を持っている人と繋がっていたら乗せてくれるだろうから、大丈夫。これもいまのところ不自由はない。

何かに困ったとき、**支え合う仲間が多ければ多いほど、助かる確率は上がる。**震災で自宅が壊れても、家を貸してくれる人がいるかもしれない。病気になったときに名医を紹介してくれる人がいるかもしれないし、最新の治療法を教えてくれるかもしれない。

人は支え合わなければ、生きていけない。新型コロナウイルスによって、僕たちはこの事実を突き付けられた。新しい生き方を学ぶ必要があるんだ。

WORD,75

幸せの定義は、「お金」と「自由」と「人」のバランスが取れていること。

お金の価値って何だろうか。お金を手に入れて、初めて考えるようになった。初めてタワーマンションに住んだときは、とても嬉しかった。それまでは陽も入らないようなボロアパートに住んでいたから、窓から大阪の街を一望《いちぼう》したときの高揚感《こうようかん》はすごかった。ただ、その景色はすぐに見慣れてしまった。

#5

春木開の「幸せ」

自分のためだけにお金を使っても、そんなに嬉しくないと気付いた。いまはお金よりも、いかにみんなで楽しく生きるかを考えている。

自分だけのために生きる人生なんて簡単過ぎる。

これまでの世の中では、たくさんのお金を持つことが幸せの定義だった。それがいまは「楽しいこと」に移行していると思う。所有より共有の時代だ。SNSでも、高級車を乗り回して「イェーイ」では「いいね！」はもらえない。みんなで楽しく生きている姿を見せるほうが共感される。

僕の幸せの定義は、「お金」と「自由」と「人」のバランスが取れていること。

いくらお金があっても、好きな所に行くことができなければ楽しくない。

自由があっても、仲間がいなかったら楽しさや喜びを共有できない。

仲間がいても、お金がなければ遊びも限られる。それに、何かあったときに助けてあげることもできない。

好きなときに好きな人と好きなことができる。これが僕の幸せだ。

COMMENT

カイ君は常に全力で生きている

宮田和也（あんぱん）

カイ君は仕事であろうと、遊びであろうと、恋愛であろうと、いつも全力です。一緒に行動していると、いい言葉に出会ったらすかさずメモを取っています。人の心に響く言葉を発信し続けることができているのは、常に努力しているからだと思います。

彼は人の悪口を一切言いません。人前でネガティブな発言もしません。すべてをプラスに捉えて生きています。こんなことを言うと、彼が完璧な人間に思えるかもしれません。でも、僕の前ではたまに弱気になります。本当は、誰よりも几帳面《きちょうめん》で、真面目で、愛情深くて、不安だらけです。カイ君はすごく人間らしい生き物です。それを圧倒的な努力によって、ポジティブさに変えています。

彼に批判があるのは新しいことをしているから、妬まれるのはいつも輝いているからです。僕は本気でカイ君を応援し続けます。これから先、何があっても素敵な関係でいてください。そして、日本を代表するインフルエンサーでいてください。

COMMENT

春木開さんは誰よりも先見の明がある人

人生の恩師

いまから約10年前、めちゃくちゃ仕事が忙しい時期がありました。ちょうど僕の誕生日が重なり、春木開さんが、サプライズで豪華な誕生日会を開いてくれました。これが彼とのいちばんの思い出です。他人の誕生日をこんなにも本気で祝える人がいることに、衝撃を受けました。

一般人から著名人になったこともあり、彼は間違った目で見られがちですが、人間味が強く、誰よりも努力家です。責任感が強く、他人の叶えたいことを叶えさせてあげることのできる人です。何より、誰よりも先見の明がある人です。

これまでも、いままで通りの春木開さんで、いままで通り地に足をつけて頑張ってください。誰よりも応援しています。

そして、結婚してほしいです。

WORD,76

何が正解かではなく、何を正解にするか。

人の目が前に付いているのは、前だけを向くためだ。それが僕たちの運命だ。横を見ても意味はない。**他人の歩幅は何の参考にもならない**。過去を振り返る必要もない。

僕が前を向き続けることができたのは、前にしか道はなかったから。一度高速道路

#5

春木開の「幸せ」

に乗ってしまえば、前進しか許されない。下道に降りてゆっくり進む時間の余裕もなかった。

自分の選択が正しいのか、当然迷うときもある。悩むときもある。僕らは可能性という名の分岐《ぶんき》点がある限り、散々迷いながら、悩みながら生きていく生き物だ。それでいいと思う。

大切なのは、選択の精度を上げることより、自分の選択を正当化する努力だ。

僕もその時点だけを見れば、選択に失敗したことはたくさんある。でもその失敗があるから、いまがある。この答えを導き出すことができれば、過去の失敗は正解に変わる。過去の事実は変えられないけれど、過去の価値は変えられる。

これまでの人生がこれからの人生を決めるのでなく、これからの人生がこれまでの人生を決める。人生はクイズ番組じゃない。正解は用意されていない。いつも自分で決めていい。

何が正解かより、何を正解にするかだ。

WORD,77

大変な人生を歩んでいきたい。

昔の知り合いに会うと、「開くん変わったね」と言われる。
確かに変わった。昔は金髪じゃなかったし、ピンクのスーツを着ることもなかった。
よくわからない柄のシャツを着ることもなかった。
彼らが言っているのは、そういうことじゃないだろうけど、**僕は日々進化している**
から、周りから見たらどんどん変わっているのだと思う。

#5

春木開の「幸せ」

でも変わらないほうがヤバくないか？　僕にとって、**現状維持は衰退《すいたい》と同義語だ**。頑張れば宇宙にだって行ける時代、同じ場所にとどまり続けるのはつまらない。違うステージに行くことで、新しい景色が見えてくる。でも、その過程でうまくいかないことや失敗することは必ずある。そうやって傷つきながら学んでいけば、誰だって変わっていくものなんじゃないかな。

僕は生き方を売って生きている。同じことをやり続けていれば、飽きられてしまう。だから常に動き続ける。新しいビジネスも次々に手掛けるし、うまくいっているビジネスでもどんどん手放す。

誰もやらないことばかりだから、バカにされることも多い。でもわかってくれる人もいる。彼ら彼女らと、楽しく生きていければそれでいいなって思う。

楽な人生ではない。でも自分で選んだ生き方だから迷いはない。

僕は大変な人生を歩んでいきたい。辛い人生じゃない、大きく変わる人生だ。

世の中ってお金ですか？

お金がすべてじゃないけれど、すべてにお金が必要な時代。時として大切な人を守るためにもお金は必要。「世の中お金じゃない」と考えている人は、自分のことしか考えていない。

悩んだり病んだりしないですか？

不安なのは不安が好きな人。悩むのは悩むのが好きな人。本当に嫌なら不安にならないように生きて、悩まないように生き抜くもの。本気で没頭していたら、悩んでいる暇なんかない。全力で走っているから、悩みも僕についてくることができない。

大声で泣いてみたけど、現実は何も変わらなかった。助けて。

泣いて何かが変わるのは赤ん坊だけ。泣いて助かるならみんな泣いている。何かを変えたいなら自分を変えること。自分を変えられないなら環境を変えること。人は居心地のいい場所では頑張れない。自らを追い込むことも大切。

スーパーポジティブですね。

晴れたら、太陽が味方してくれているということ。雨だったら、虹が準備をしてくれているということ。起きているときはみんなといて幸せだし、寝ているときはいい夢を見て幸せ。常に前向きにいることで、勝手に「幸」が寄ってくる。

Q

35歳になりました。

おじさん、おばさんの定義はあると思いますか？

A

挑戦をやめたときがおじさん、おばさんになるとき。

Q

カイさんは親の力を借りたことがありますか？

A

親の力を借りて生まれてきた。死ぬまで感謝と恩返し。

Q

親孝行ってしますか？

A

もちろんする。忙しくてなかなか会えないからどうしてもお金を使うことになるけれど、お金をあげたり、モノを買ったりはあまりしない。西日本豪雨が起きたとき、地元の岡山も大きな被害を受けた。少しでも力になりたくて、僕は100万円寄付した。それが新聞に載って、記事を見た母や祖母はとても喜んでいた。本人に100万円をあげるより喜んでもらえたと思う。「こういうお金の使い方ってすごくいいな」と感じた。

あとがき

20代の頃、眩いステージに立つ、30代、40代の先輩方に憧れていました。

これからは自分たちが若い世代に、

「うらやましい」

「キラキラしてる」

「あんな生き方したい」

と感じてもらわなければいけません。

若い人たちには、失敗を恐れず、どんどん挑戦してほしいと思います。何回失敗しても大丈夫。僕も昔は、あなたと同じ場所にいました。

キラキラしたインスタのフィルターを通して、

「辛かったことありますか？」

「貧しかったことありますか？」

とよく聞かれますが、正直、辛いことのほうが多い人生を生きてきました。でも、その一瞬一瞬が辛くとも、振り返れば挑戦してよかったと思えることがあります。その経験だけが、自分の人生を少しずつ変えてきました。

いま、世間を脅かしている新型コロナウイルスは、ただの通り雨ではありません。収束しても、これまでの毎日が再開することはないでしょう。社会は、ビジネス市場は大きな転換を迫られるはずです。

突然やってきた時代の変革期に、僕らは「新時代の生き方」の問題と直面します。求められるのは、世間が「いいね！」を押してくれる生き方ではありません。自分が「いいね！」を押せる生き方です。

不安に思う必要はありません。人はどう死ぬかは選べませんが、どう生きるかは選べます。生まれの貧しさが僕の未来を決めることができなかったように、生まれた場所や育った環境は関係ありません。本気で物事に打ち込めば、こんなにもでっかいところまで夢は繋がっていくのだと感じます。

僕はいま、若い頃に夢見た通りの場所には立っていないけれど、別の誰かがその場所にいてくれます。僕も誰かの代わりに、いまこの場所で生きています。

あなたのその生き方も、あなたにしかできない生き方です。自分の人生を生きてほしい。あたなは春木開になれないけれど、春木開もあなたにはなれません。もしその生き方を「変わってるね」と笑われたら、「あなたこそ、普通で残念だね」と笑い返してあげてください。

さて、本書の出版に際しては、たくさんの人の協力がありました。

本文中に挟み込まれたコメントは、本書のために、知人のみんなに書いてもらったものです。温かいメッセージをくれたみんな、ありがとう。みんなとの出会いがあったから、僕は幸せな人生を歩めています。ほかにも普段からビジネスでお世話になっている人たち、そして僕の無茶振りをいつも受け止めてくれる仲間たちに感謝します。

インパクトのある推薦文をいただいたROLANDさん、表紙と冒頭のページに素晴らしい書を書いていただいた憲真《けんしん》さん。この場を借りて感謝申し上げます。不躾《ぶしつけ》なお願いにお応えいただき、本当にありがとうございました。僕の実力以上に、多くの人のもとに届く本になったのではないかと思います。

最後に、両親に改めて感謝します。

あなたたちの息子はあなたたちの想像を超えるくらい不安や心配を掛けてきましたが、あなたたちの想像を超えるくらい多くの人に愛されています。生まれ変わっても、もう一度「春木開」として生まれたい。生まれ変わっても、この素敵な仲間との日々を過ごしたい。胸を張ってそう言える人生が幸せです。

命を授けてくれてありがとう。

2020年5月　自粛ムードをポジティブに転換し、「Stay home」を楽しむ自宅で。

春木開

ＫＡＩＳＡＬＯＮについて

ＫＡＩＳＡＬＯＮは僕の生き方や価値観に共感してくれた人が集まる学びのコミュニティです。ＳＮＳマーケティング、ブランディング形成、独立起業支援、ポジティブマインド形成、人材マッチング、人脈形成などのノウハウを提供しています。

これまでオフラインがメインでしたが、新型コロナウイルスの感染拡大を受けて、オンラインに切り替えました。コロナがいつ収束するのかわかりませんし、同様の脅威がまた到来するかもしれません。オンラインでの「学び」「繋がり」「助け合い」は、これからより大切になってくるはずです。

ＫＡＩＳＡＬＯＮのビジョンは、オンラインの「村」を作ること。もっと言えば「国レベルの経済圏」を作ることを目指しています。

最大のメリットは、価値観を共有できることです。

時代は「機能検索」から「人検索」に移行しています。誰もが、どうせ同じお金を使うなら、自分と同じ価値観の人のために使ってあげたいと考えるのではないでしょうか。例えば髪を切りたくなったとき、「知らない人」ではなくて、「自分のことを応援してくれている人」や「自分が応援している人」の美容室に行こうと思うはずです。
ＫＡＩＳＡＬＯＮにはさまざまな職業のメンバーが集まり、全国に点在しています。多様な人がいればいるほどシェアできるようになります。お客さんやお店を探すということに限らず、何かを呼び掛ければ誰かが見つかる。そこから新しい可能性が生まれていきます。いまの会員は５００人以上（２０２０年５月１日現在）。その輪を、１０００人、１万人、日本全国、そして世界に広げていきます。

興味がある人は、気軽に遊びに来てみてください。
学校や職場だけしか繋がりがないことの最悪のデメリットは、他人の価値観に触れられないということ。「俺にはこの会社しかない」「俺はこの生き方しかできない」と、自分を決め付けてしまいかねません。サロンにはたくさんの人がいます。こんな生き方もあるんだなと視野を広げるだけで、目の前の世界は姿を変えるのです。

KAI-SALONホームページ　http://harukikai.xsrv.jp/

著者紹介

春木 開（はるき・かい）

1988年6月28日生まれ、岡山県出身。実業家。SNS総フォロワー数が20万人を超える、日本一の男性インフルエンサー。

神戸大学経営学部在学中に、ネイルサロンを起業。以後、SNSマーケティングを生かし、飲食店・イベント業・シャンパンプロデュース・美容クリニック業を中心とした事業を全国に展開。成功を収める。

たびたび有名キャバ嬢のSNSに登場することから「キャバ王」と呼ばれ、その背景をTBS系テレビ番組「有吉ジャポン」で紹介されたことなどから、全国的に知られるようになる。

SNSを駆使した自身のブランディング、マーケティングの手法は高い評価を受けている。次世代のインフルエンサー育成のためのオンラインサロン「KAISALON」を主宰し、そのノウハウを伝えている。本書が自身初の著書となる。

JASRAC 出 2004639-001

職業、春木開

2020年6月21日　初版発行
2020年7月7日　3刷発行

著　者　春木開
発行者　野村直克
発行所　総合法令出版株式会社
〒103-0001 東京都中央区日本橋小伝馬町15-18
ユニゾ小伝馬町ビル9階
電話　03-5623-5121

印刷・製本　中央精版印刷株式会社

落丁・乱丁本はお取替えいたします。

ISBN 978-4-86280-746-5

総合法令出版ホームページ　http://www.horei.com/